Descubra Juegos Gratis Online

Disponibles Aquí:

BestActivityBooks.com/FREEGAMES

5 CONSEJOS PARA EMPEZAR

1) CÓMO RESOLVER LAS SOPA DE LETRAS

Los rompecabezas tienen un formato clásico:

- Las palabras se ocultan sin espacios ni guiones,...
- Orientación: Las palabras pueden escribirse hacia delante, hacia atrás, hacia arriba, hacia abajo o en diagonal (pueden estar invertidas).
- Las palabras pueden superponerse o cruzarse.

2) APRENDIZAJE ACTIVO

Junto a cada palabra hay un espacio para anotar la traducción. Para fomentar un aprendizaje activo, un **DICCIONARIO** al final de esta edición te permitirá comprobar y ampliar tus conocimientos. Busca y anota las traducciones, encuéntralas en el puzzle y añádelas a tu vocabulario!

3) MARCAR LAS PALABRAS

Puedes inventar tu propio sistema de marcado. ¿Quizás ya usas uno? También puedes, por ejemplo, marcar las palabras difíciles de encontrar con una cruz, las que te gustan con una estrella, las nuevas con un triángulo, las raras con un diamante, etc.

4) ESTRUCTURAR EL APRENDIZAJE

Esta edición ofrece un **CUADERNO DE NOTAS** muy práctico al final del libro. En vacaciones, de viaje o en casa, podrás organizar fácilmente tus nuevos conocimientos sin necesidad de un segundo cuaderno!

5) ¿HABÉIS TERMINADO TODAS LAS PARRILLAS?

En las últimas páginas de este libro, en la sección **DESAFÍO FINAL**, encontrarás un juego gratis!

¡Rápido y sencillo! Echa un vistazo a nuestra colección de libros de actividades para tu próximo momento de diversión y aprendizaje, ¡a sólo un clic de distancia!

Encuentre su próximo reto en:

BestActivityBooks.com/MiProximoLibro

En sus marcas, listos, ¡Ya!

¿Sabías que hay unas 7.000 lenguas diferentes en el mundo? Las palabras son preciosas.

Nos encantan los idiomas y hemos trabajado duro para crear libros de la más alta calidad para tí. ¿Nuestros ingredientes?

Una selección de temas adecuados para el aprendizaje, tres buenas porciones de entretenimiento, y luego añadimos una cucharada de palabras difíciles y una pizca de palabras raras. Los servimos con cariño y máxima diversión para que puedas resolver los mejores juegos de palabras y te diviertas aprendiendo!

Tu opinión es esencial. Puedes participar activamente en el éxito de este libro dejándonos un comentario. Nos encantaría saber qué es lo que más le ha gustado de esta edición.

Aquí hay un enlace rápido a tu página de pedidos:

BestBooksActivity.com/Opiniones50

Gracias por tu ayuda y diviértete!

Todo el equipo

1 - Arqueología

```
C  M  O  A  S  E  T  C  E  I  B  O  I  N  V  C
I  Ț  S  I  O  P  N  E  R  F  T  W  P  E  T  E
V  O  Ț  F  Z  K  Â  M  A  F  N  B  M  C  Q  R
I  H  W  O  L  Z  M  I  U  R  E  O  X  U  Ț  C
L  I  S  O  F  A  R  S  L  D  D  A  B  N  Z  E
I  G  S  W  A  B  O  T  A  A  N  I  E  O  U  T
Z  K  Z  A  J  N  M  E  V  T  E  U  X  S  I  Ă
A  B  E  Y  C  F  A  R  E  Z  C  T  P  C  T  T
Ț  R  I  N  P  G  V  L  N  K  S  R  E  U  A  O
I  O  V  Z  U  H  Q  Y  I  T  E  Q  R  T  T  R
E  S  V  G  E  K  A  Z  J  Z  D  Q  T  P  K  I
Q  E  C  H  I  P  Ă  S  O  S  Ă  T  I  Q  N  F
G  F  R  V  E  C  M  Z  W  O  R  Z  I  L  O  P
F  O  Z  D  H  T  U  L  P  M  E  T  R  H  G  C
P  R  V  R  E  L  I  C  V  Ă  W  K  L  E  G  B
A  P  A  N  T  I  C  H  I  T  A  T  E  S  R  L
```

ANALIZĂ
ANTICHITATE
ANI
CIVILIZAȚIE
DESCENDENT
NECUNOSCUT
ECHIPĂ
ERĂ
EVALUARE
EXPERT

FOSIL
OASE
CERCETĂTOR
MISTER
OBIECTE
UITAT
PROFESOR
RELICVĂ
TEMPLU
MORMÂNT

2 - Granja #2

```
S H S U H M W S O C Ț T B F K X
Ă H P N S I G B G A Q Ț U R P U
D Q W S O E I A O P F L A U Q A
A W T N J L P O R U M B N C U O
V N Y N B R E I M R E F U T J C
I V I Q A X O E D U R O Â D Ț L
L W J M J O L T J N A Y R Q N Z
A Y M N A L U N C Ă G U Z A I
T A L G A L T E B A I Ț Ț H O O
E S M V L J E M T R R W J X Q Z
G Ț M A A R N I H M I T Q L O Z
E N U Ț P S L L K K F F Y W X N
V F I E T Z Ț A N K H A M B A R
S T U P E M V P X I A Z N C B Y
R A Ț Ă W A H Q Z F O H T L T P
K K S P Ă S T O R L A M Ă F F E
```

FERMIER	LAMĂ
ANIMALE	PORUMB
ORZ	OAIE
STUP	PĂSTOR
ALIMENTE	RAȚĂ
MIEL	LUNCĂ
FRUCT	IRIGARE
HAMBAR	TRACTOR
LIVADĂ	GRÂU
LAPTE	VEGETAL

3 - La Empresa

```
L  Ț  D  T  G  D  R  I  K  K  E  S  M  J  R  I
D  K  U  C  I  Z  V  E  N  Ț  X  I  Q  K  I  N
T  E  N  D  I  N  Ț  E  S  O  P  K  S  L  S  V
H  N  O  R  J  L  X  U  Y  U  V  N  G  F  C  E
P  R  O  G  R  E  S  V  Q  I  R  A  J  R  U  S
Ț  W  K  A  N  G  A  J  A  R  E  S  T  V  R  T
F  S  T  K  E  I  Z  I  C  E  D  A  E  O  I  I
I  N  D  U  S  T  R  I  E  C  G  C  S  K  R  Ț
C  R  E  A  T  I  V  E  T  A  T  I  L  A  C  I
O  Y  L  A  N  O  I  S  E  F  O  R  P  U  D  I
P  O  S  I  B  I  L  I  T  A  T  E  P  N  Q  N
T  Ț  Q  Ț  E  I  T  A  T  U  P  E  R  I  A  Y
I  A  E  Y  G  D  Z  Y  B  O  O  C  O  T  N  W
G  K  N  M  B  R  E  O  P  O  S  P  D  Ă  S  K
P  R  E  Z  E  N  T  A  R  E  L  X  U  Ț  Ț  Ț
V  E  N  I  T  U  R  I  B  D  W  G  S  I  Q  T
```

CALITATE	POSIBILITATE
CREATIV	PREZENTARE
DECIZIE	PRODUS
ANGAJARE	PROFESIONAL
GLOBAL	PROGRES
INDUSTRIE	RESURSE
VENITURI	REPUTATIE
INOVATOR	RISCURI
INVESTIȚII	TENDINȚE
AFACERI	UNITĂȚI

4 - Pesca

```
A C S G H Ţ R U J C N Q S O R Q
C R Y U Ţ W Q Ă C L A F Â A Â R
E N I V J I Y V B T E J R I U M
X Y I P R F I O T D R M M C E W
A H H C I S N L Y B A R Ă S I C
G H N J J O M A Ţ U W R E Q Z N
E C A N S V A C F C Z O E G Z Y
R Â R H O F Q R E Ă P A G G D L
A R B J G Z Z U E T A T U E R G
R L M O M E A L Ă A B T D N Y U
E I M L Ţ D J X Ţ R S A L R H X
D G F B G D T O G K J S R O R C
G L L E C H I P A M E N T C T O
P L A J Ă O C E A N T E U Z Ă Ş
K S M Q I V E N Ţ Z T Y H Ţ A T
T L R Z S J Z I S E Z O N P C V
```

APĂ	CÂRLIG
ARIPIOARE	LAC
BARCĂ	FALCĂ
BRANHII	OCEAN
SÂRMĂ	RĂBDARE
MOMEALĂ	GREUTATE
COŞ	PLAJĂ
BUCĂTAR	RÂU
ECHIPAMENT	SEZON
EXAGERARE	

5 - Aviones

```
Q  D  X  Ț  A  T  M  O  S  F  E  R  Ă  B  X  A
T  U  R  B  U  L  E  N  Ț  Ă  R  K  L  A  W  V
R  W  H  I  D  R  O  G  E  N  R  F  C  L  A  E
R  X  E  I  Ț  C  U  R  T  S  N  O  C  O  I  N
C  H  R  K  L  R  O  T  O  M  Q  W  X  N  S  T
K  H  X  I  M  V  W  M  X  E  W  Y  L  E  T  U
D  I  R  E  C  Ț  I  E  B  H  Y  M  J  R  O  R
J  P  A  S  A  G  E  R  Y  U  W  N  T  C  R  Ă
A  L  T  I  T  U  D  I  N  E  S  E  O  X  I  N
P  B  S  Z  Q  E  J  N  S  M  H  T  L  I  E  Ț
I  C  E  R  O  I  S  Z  M  I  A  L  I  I  S  T
H  V  X  J  M  W  I  G  M  Ț  I  W  P  B  C  U
C  Y  A  D  S  X  U  A  O  L  A  F  B  N  I  E
E  H  T  Q  P  T  C  B  O  Ă  W  E  Z  J  F  L
A  T  E  R  I  Z  A  R  E  N  I  Ț  R  Q  D  W
M  O  D  E  L  C  V  T  R  Î  H  F  A  J  F  W
```

AER	MODEL
ALTITUDINE	BALON
ÎNĂLȚIME	ELICE
ATERIZARE	HIDROGEN
ATMOSFERĂ	ISTORIE
AVENTURĂ	MOTOR
CER	PASAGER
COMBUSTIBIL	PILOT
CONSTRUCȚIE	ECHIPAJ
DIRECȚIE	TURBULENȚĂ

6 - Tipos de Cabello

```
Z  T  W  S  O  I  C  U  L  K  N  R  Ț  J  G  K
R  Ț  K  C  R  C  T  T  C  Z  I  E  L  C  U  B
T  N  I  U  A  U  H  U  W  S  O  R  G  N  U  L
X  O  P  R  M  M  D  E  K  T  N  I  G  R  A  A
Q  L  T  T  N  F  L  D  L  D  F  D  M  R  U  M
V  J  B  A  M  O  A  L  E  Y  A  P  X  K  I  H
S  F  I  L  Î  M  P  L  E  T  I  T  U  R  I  M
W  N  I  U  C  R  E  T  S  Ă  N  Ă  T  O  S  M
N  T  L  D  C  U  B  L  O  N  D  W  H  H  O  U
S  L  M  N  Î  M  P  L  E  T  I  T  D  L  U  T
Ț  P  Ț  O  N  K  O  W  R  S  J  I  U  Q  S  Q
C  Z  P  N  M  R  G  L  I  E  Z  O  Ț  C  C  U
Ț  M  N  O  A  C  C  R  Ț  F  U  Y  N  X  A  I
I  S  N  J  Y  Y  J  Z  B  E  N  A  T  M  T  D
F  J  P  U  Ț  I  T  M  U  M  J  R  Ț  Ț  F  A
Ț  D  K  B  M  S  F  R  S  C  A  E  Ț  V  C  W
```

ALB	ONDULAT
LUCIOS	ARGINT
CHEL	CRET
SCURT	BUCLE
SUBȚIRE	BLOND
GRI	SĂNĂTOS
GROS	USCAT
LUNG	MOALE
MARO	ÎMPLETIT
NEGRU	ÎMPLETITURI

7 - Ética

```
T O B E N U I C P E L E Ț N Î O
D O P A O Q P O O J P X Q E Y N
E N L T J N O A F O K A F N J C
M A I E I R J J Y K P O Y U U S
N L B S R M H F O F M E M I J N
I T A O T A I H Q G F V R S T Y
T R N U I G N S T M E T W A E C
A U O T W E R Ț M Z X B Z P R Q
T I Z C J G S L Ă W B N X M A E
E S E E T A T I T S E N O O D T
I M R P U M A N I T A T E C B A
O K Ț S F I L O Z O F I E O Ă T
I N T E G R I T A T E F F G R Ă
D A X R D I P L O M A T I C M N
R A Ț I O N A L I T A T E X V U
V A L O R I R E A L I S M N F B
```

ALTRUISM
BUNĂTATE
COMPASIUNE
COOPERARE
DEMNITATE
DIPLOMATIC
FILOZOFIE
ONESTITATE
UMANITATE
INTEGRITATE

OPTIMISM
RĂBDARE
RAȚIONALITATE
REZONABIL
REALISM
RESPECTUOS
ÎNȚELEPCIUNE
TOLERANȚĂ
VALORI

8 - Ciencia Ficción

```
H  M  L  V  Q  E  C  Ț  C  I  M  O  T  A  J  F
E  X  P  L  O  Z  I  E  I  Ț  F  M  M  R  F  I
G  T  O  T  K  Ț  H  M  N  R  A  I  T  E  V  X
T  E  R  H  L  K  L  U  E  Ă  N  S  E  A  X  D
S  D  W  Q  M  L  L  L  M  C  T  T  H  L  T  E
I  P  L  A  N  E  T  Ă  A  E  A  E  N  I  O  X
R  M  Z  T  E  J  I  M  M  I  S  R  O  S  R  T
U  A  A  Ț  Ț  K  C  X  U  Z  T  I  L  T  A  R
T  E  F  G  L  U  X  R  A  U  I  O  O  D  C  E
U  I  E  O  I  A  C  M  R  L  C  S  G  N  O  M
F  P  N  D  C  N  I  C  M  I  A  M  I  X  L  K
R  O  B  O  Ț  I  A  X  S  S  R  G  E  Y  F  M
Q  T  J  V  T  A  T  R  Ă  P  E  D  N  Î  S  Q
Z  U  Y  V  I  A  F  O  D  A  L  O  Y  N  X  K
T  T  V  H  B  T  W  N  K  T  C  Q  Z  M  M  D
K  X  D  O  D  P  A  C  O  B  N  Ț  V  K  F  C
```

ATOMIC	IMAGINAR
CINEMA	CĂRȚI
ÎNDEPĂRTAT	MISTERIOS
EXPLOZIE	LUME
EXTREM	ORACOL
FANTASTIC	PLANETĂ
FOC	REALIST
FUTURIST	ROBOȚI
GALAXIE	TEHNOLOGIE
ILUZIE	UTOPIE

9 - Granja #1

```
Ţ  G  H  Q  F  Z  E  C  R  M  P  Q  M  A  Ţ  P
Y  A  A  T  Ţ  C  M  T  I  R  I  A  T  G  T  I
D  R  C  A  L  E  Ţ  I  V  O  S  C  N  R  S  S
C  D  V  K  U  R  A  G  Ă  M  A  T  Â  I  Q  I
Y  X  Z  Y  Z  E  R  O  R  E  P  R  M  C  S  C
H  R  G  O  A  I  T  E  R  E  N  V  Ă  U  N  Ă
C  Y  I  N  V  M  Y  A  U  Q  Â  Y  Ş  L  Z  S
E  Â  F  Z  A  N  T  G  S  V  F  K  Ă  T  A  P
G  C  M  F  C  C  H  K  G  B  S  Z  R  U  Ţ  S
K  V  M  P  Ă  A  L  L  C  J  E  Ţ  G  R  K  A
G  V  C  S  O  P  A  V  F  C  M  A  N  Ă  Ţ  U
T  I  A  C  D  U  C  P  B  H  I  L  Î  E  S  L
E  W  P  L  Z  I  H  O  Ă  C  N  B  C  X  Ţ  T
R  V  R  G  N  Z  S  J  M  Z  Ţ  I  B  O  Y  D
R  X  Ă  I  H  Q  Q  Y  Y  A  E  N  I  Â  C  M
Z  C  Z  D  F  A  I  B  N  W  N  Ă  Z  W  F  I
```

ALBINĂ	PISICĂ
AGRICULTURĂ	FÂN
APĂ	MIERE
OREZ	CÂINE
MĂGAR	PUI
CAL	SEMINŢE
CAPRĂ	VIŢEL
CÂMP	TEREN
CIOARĂ	VACĂ
ÎNGRĂŞĂMÂNT	GARD

10 - Camping

```
A T W N C E R F L U N A M C O R
O N Z S A H J Ţ E Ţ H U U A L O
J E I B M T X Ţ M L Y L N B C V
Ţ M E M H W U E H P I Q T I A X
M A C M A N N R O Y H N E N N M
Q P E R W L Q A Ă Q I G A Ă O V
M I U G I Y E O T G H R J R E R
K H J W M Q I T C A L T O R I R
P C M C R Q H Ă E R U D Ă P R B
P E B E V K G N S P F F T L Ă L
C O P A C I N Â N C J O R U L I
H A M A C E Â V I K S C A K Ă C
D K F Q W D R K R J Z T H Q P V
A R D O Z L F M L T M Q R V R F
D E S X G A Q C Q N B Z P J Z Q
A V E N T U R Ă S F B U S O L Ă
```

ANIMALE	FOC
AVENTURĂ	HAMAC
COPACI	INSECTĂ
PĂDURE	LAC
BUSOLĂ	FELINAR
CABINĂ	LUNA
CANOE	HARTĂ
VÂNĂTOARE	MUNTE
FRÂNGHIE	NATURĂ
ECHIPAMENT	PĂLĂRIE

11 - Fruta

```
P E P E N E E N O E N Z O I J T
P A P A Y A S C H C I M I A P N
C L P S Z P N J B Z V E B J Ţ E
A A T M F T R I R U G U R T S C
E U I L A C O T R O P R R V J T
B P V S H K E X Ă P D Ă R A P A
P H I Y Ă P C Q M Q K A A C O R
L R D A C M I G U A V A C S W I
O G A Z A Y R L Ă M Â I E O Ţ N
D X Y U B T E S B U Q K G X V Ă
B A N A N Ă A A Z V H P X V R A
V Y O I V P Ş Q N P K L K U M J
Q P R J T S Ă Y S A R I I B S I
M A N G O P S G E P N L W Y G F
N U C Ă D E C O C O S A I C Ţ L
P I E R S I C Ă B V I E S Z Y J
```

AVOCADO	MĂR
CAISĂ	PIERSICĂ
BACĂ	PEPENE
CIREAȘĂ	PORTOCALIU
NUCĂ DE COCOS	NECTARINĂ
ZMEURĂ	PAPAYA
GUAVA	PARĂ
KIWI	ANANAS
LĂMÂIE	BANANĂ
MANGO	STRUGURI

12 - Geología

```
F  S  V  Y  J  M  O  F  B  A  X  W  P  S  D  A
G  V  T  P  T  L  S  Ţ  O  J  Z  D  R  T  N  T
T  F  V  A  E  R  N  D  B  S  L  J  R  A  O  G
G  H  U  O  L  S  M  E  X  S  I  Y  G  L  A  H
H  H  L  V  A  A  M  L  C  A  A  L  M  A  C  E
E  S  C  W  R  Z  C  A  D  S  A  R  E  G  U  I
Ă  T  A  E  E  V  D  T  Q  B  D  U  S  M  A  Z
R  R  N  B  N  Ţ  S  S  I  Q  O  M  K  I  R  E
T  A  E  N  I  C  A  I  B  T  H  E  E  T  Ţ  R
A  T  N  L  M  C  O  R  A  L  A  R  N  E  P  N
I  C  U  I  C  L  A  C  J  I  P  T  D  L  G  G
P  R  I  Ţ  Ţ  O  R  A  N  I  C  U  L  N  F  I
N  Y  Z  D  P  L  A  T  O  U  L  C  A  N  X  Q
W  L  O  R  H  T  U  K  K  V  R  S  V  V  A  A
J  V  R  O  Z  C  A  V  E  R  N  Ă  Ă  C  Z  B
A  N  E  C  O  N  T  I  N  E  N  T  F  I  N  N
```

ACID
CALCIU
STRAT
CAVERNĂ
CONTINENT
CORAL
CRISTALE
CUARŢ
EROZIUNE
STALACTIT

STALAGMITE
FOSIL
GHEIZER
LAVĂ
PLATOU
MINERALE
PIATRĂ
SARE
CUTREMUR
VULCAN

13 - Álgebra

```
S  P  C  S  V  Ţ  C  P  L  O  X  H  Z  Q  P  V
D  I  A  G  R  A  M  Ă  E  E  O  C  C  R  R  A
F  O  R  M  U  L  Ă  M  T  D  L  X  Ţ  E  O  R
E  J  A  O  I  V  W  E  A  R  E  Q  L  Z  B  I
F  D  I  G  T  N  I  B  T  I  H  P  P  O  L  A
R  M  N  V  N  C  F  K  I  Z  E  R  O  L  E  B
A  Z  I  R  E  L  A  I  T  S  L  A  F  V  M  I
C  Z  L  Ţ  N  B  S  F  N  A  C  Z  E  A  Ă  L
Ţ  G  I  Z  O  R  Ţ  Q  A  I  A  Ă  K  Ţ  K  R
I  L  V  G  P  G  Y  J  C  U  T  M  D  X  W  M
U  D  Y  I  X  M  A  T  R  I  C  E  H  E  Q  D
N  T  J  Ţ  E  P  A  R  A  N  T  E  Z  Ă  R  E
E  M  R  S  I  M  P  L  I  F  I  C  A  I  E  E
R  M  N  U  M  Ă  R  M  Y  P  G  R  M  S  I  E
S  O  L  U  Ţ  I  E  I  Ţ  A  U  C  E  M  G  C
I  C  X  Q  M  T  F  K  P  C  A  J  Y  G  C  E
```

CANTITATE	LINIAR
ZERO	MATRICE
DIAGRAMĂ	NUMĂR
ECUAŢIE	PARANTEZĂ
EXPONENT	PROBLEMĂ
FACTOR	REZOLVA
FALS	SCĂDERE
FORMULĂ	SIMPLIFICA
FRACŢIUNE	SOLUŢIE
INFINIT	VARIABIL

14 - Plantas

```
H  Î  P  I  J  D  C  M  D  J  U  L  J  E  O  B
E  Z  N  U  R  F  O  U  L  Ţ  G  I  Q  R  B  A
L  I  R  G  S  E  P  Ş  F  F  I  U  I  S  O  C
O  T  S  T  R  I  A  C  N  L  Ș  I  F  U  T  Ă
S  M  X  S  N  Ă  C  H  Q  Q  O  C  A  B  A  L
A  O  E  F  V  Z  Ş  I  I  P  P  R  C  M  N  A
F  X  B  L  B  N  H  Ă  Y  C  G  O  Ă  A  I  T
L  A  T  G  R  U  A  B  M  N  S  M  S  B  C  E
G  W  Y  T  O  R  U  R  E  Â  E  R  U  D  Ă  P
K  R  R  J  V  F  Y  A  C  J  N  Ţ  T  V  T  G
Ţ  D  Ă  R  E  D  E  I  D  J  R  T  C  F  V  X
G  Q  Q  D  B  E  E  G  F  K  P  D  A  Q  E  M
U  X  U  N  I  F  L  O  A  R  E  K  C  J  S  C
V  Q  P  C  V  N  V  E  G  E  T  A  Ț  I  E  Ţ
A  F  L  I  Q  H  Ă  C  M  W  Z  G  Q  D  R  B
R  Ă  D  Ă  C  I  N  Ă  O  F  I  I  B  A  Z  I
```

TUFIȘ	FRUNZE
COPAC	FASOLE
BAMBUS	IEDERĂ
BACĂ	IARBĂ
PĂDURE	FRUNZĂ
BOTANICĂ	GRĂDINĂ
CACTUS	MUȘCHI
ÎNGRĂȘĂMÂNT	PETALĂ
FLOARE	RĂDĂCINĂ
FLORĂ	VEGETAȚIE

15 - Suministros de Arte

```
Ș  P  B  C  S  W  Q  Y  M  E  L  T  P  L  A  C
X  E  L  E  R  A  U  C  A  Q  B  A  F  I  Q  M
C  S  V  W  C  P  Z  K  R  F  M  B  O  P  N  B
I  U  K  A  I  H  Â  R  T  I  E  E  K  I  D  L
X  J  L  S  L  P  X  A  G  R  L  L  Z  C  Z  X
N  D  N  O  I  E  X  S  Z  A  E  M  G  I  W  K
I  T  N  Z  R  P  T  A  Q  O  S  S  G  I  L  C
I  E  T  V  C  I  B  P  D  D  P  L  N  L  K  R
A  Ă  E  B  A  G  X  Ă  P  O  O  I  U  R  K  E
B  R  T  L  Y  R  U  W  C  X  V  U  A  T  H  I
M  E  T  A  T  I  V  I  T  A  E  R  C  G  L  O
Z  I  G  T  I  D  E  I  B  N  T  J  S  H  X  A
T  D  P  E  R  I  I  R  U  L  E  T  S  A  P  N
K  A  A  P  A  R  A  T  F  O  T  O  Q  D  Q  E
Q  R  A  R  U  T  D  S  U  L  E  I  S  S  G  Z
X  F  U  F  C  E  R  N  E  A  L  Ă  E  T  X  Y
```

ULEI	CREATIVITATE
ACRILIC	IDEI
ACUARELE	CREIOANE
APĂ	TABEL
LUT	HÂRTIE
RADIERĂ	PASTELURI
ȘEVALET	LIPICI
APARAT FOTO	VOPSELE
PERII	SCAUN
CULORI	CERNEALĂ

16 - Negocio

```
F  W  Ţ  E  B  M  A  G  A  Z  I  N  A  Z  C  E
I  Ă  F  R  A  M  J  V  K  Q  I  T  N  X  A  C
N  J  W  A  O  U  C  P  C  P  J  Y  G  F  R  O
A  J  U  Z  B  Q  P  Ţ  Ă  T  U  L  A  V  I  N
N  Y  K  N  E  R  E  C  U  D  E  R  J  M  E  O
Ţ  R  O  Â  D  I  I  Y  X  P  O  P  A  N  R  M
A  Q  P  V  G  Q  E  C  K  C  L  E  T  I  Ă  I
C  H  Z  T  B  R  I  E  Ă  H  I  R  O  I  Q  E
P  G  M  A  A  H  Ţ  M  P  T  A  S  R  Ţ  K  Z
E  C  C  X  Ţ  J  C  Z  B  X  U  O  R  I  B  F
Z  N  O  E  I  N  A  P  M  O  C  N  M  T  D  X
B  G  N  S  M  T  Z  G  T  M  Y  A  E  S  H  N
V  O  U  C  T  H  N  C  N  F  E  L  N  E  A  E
Ţ  B  A  N  I  J  A  V  T  A  C  K  F  V  D  D
Ţ  D  S  Z  K  D  R  A  E  W  H  C  S  N  R  Z
F  I  M  Z  K  F  T  E  G  U  B  B  C  I  I  X
```

CARIERĂ	TAXE
COST	INVESTIȚII
REDUCERE	MARFĂ
BANI	VALUTĂ
ECONOMIE	BIROU
ANGAJAT	PERSONAL
ANGAJATOR	BUGET
COMPANIE	MAGAZIN
FABRICĂ	TRANZACȚIE
FINANȚA	VÂNZARE

17 - Jardín

```
E C G V D J T G R H N S P N Ț M
M Ț A M P H E C A P O C Q B A S
F R R I V A R Z R R H I I U C F
W U D N Y M A H S U A F A R W U
G O R T W A S K I A Z J R U J N
V S V T R C Ă D A V I L B I S F
X G P C U A G R E B L Ă Ă E D Z
T Ț U C Z N M P Z L J T N N Q D
T U F I Ș O C B X H V A I I M Ț
O D S D L Z Y O U K L P D B R Q
L A H G X A G H J L G O Ă L P P
N W R F U G S O L U I L R F S S
S Z O Q M D C Ț V T B N G N F K
V E R A N D Ă C N A B K Ă B Z W
D R F S W V M V L D F L O A R E
Ț D E Q K U I N M R J Ț X F E J
```

TUFIȘ	GRĂDINĂ
COPAC	BURUIENI
BANCĂ	FURTUN
GAZON	LOPATĂ
IAZ	VERANDĂ
FLOARE	GREBLĂ
GARAJ	SOL
HAMAC	TERASĂ
IARBĂ	TRAMBULINĂ
LIVADĂ	GARD

18 - Países #2

```
H  Ţ  G  H  Ţ  P  T  M  U  V  E  Z  I  R  D  P
Y  W  A  R  A  Z  Ţ  E  G  F  T  P  N  U  P  O
Q  C  I  Y  E  W  Z  X  A  R  I  F  L  S  F  R
U  J  L  S  O  C  U  I  N  A  O  S  J  I  U  T
A  C  A  M  B  K  I  C  D  N  P  I  A  A  X  U
P  K  R  W  S  L  M  A  A  Ţ  I  R  P  T  H  G
D  H  T  A  T  J  O  X  I  A  A  I  O  G  Q  A
W  B  S  D  I  H  I  I  P  Z  O  A  N  O  B  L
I  Z  U  C  Y  N  X  G  Y  T  E  I  I  W  U  I
N  U  A  D  O  K  A  K  E  H  L  N  A  W  K  A
D  A  N  E  M  A  R  C  A  Y  C  A  O  D  A  O
I  R  L  A  N  D  A  S  O  A  L  B  E  D  T  B
A  U  S  T  R  I  A  U  V  L  R  L  Q  Q  N  T
G  X  B  C  Z  Z  D  D  X  K  B  A  J  E  Ţ  I
K  M  K  D  W  L  Z  A  C  I  A  M  A  J  P  B
O  H  V  V  Z  D  H  N  P  A  K  I  S  T  A  N
```

ALBANIA	JAPONIA
AUSTRALIA	LAOS
AUSTRIA	MEXIC
DANEMARCA	PAKISTAN
ETIOPIA	PORTUGALIA
FRANŢA	RUSIA
GRECIA	SIRIA
INDONEZIA	SUDAN
IRLANDA	UCRAINA
JAMAICA	UGANDA

19 - Números

```
O  M  C  Ș  R  O  C  F  W  G  I  Ț  K  E  A  N
P  F  I  L  A  M  I  C  E  Z  X  F  Ț  L  X  O
T  S  N  T  T  P  S  G  V  V  F  Ț  W  T  E  U
S  D  C  O  Ș  K  T  Y  S  V  Ț  M  E  E  A  Ă
P  O  I  R  D  A  E  E  C  I  N  C  I  Ț  W  S
R  U  S  Q  O  H  P  X  S  D  O  U  Z  X  G  P
E  Ă  P  T  I  I  Z  T  A  P  Z  E  R  O  U  R
Z  Z  R  P  A  T  R  U  E  K  R  A  I  R  C  E
E  E  E  C  E  Z  E  R  P  S  I  E  R  T  B  Z
C  C  Z  G  N  E  V  O  Y  B  U  J  Z  D  Z  E
E  I  E  C  E  Z  E  R  P  S  I  O  D  E  E  C
Ț  B  C  P  A  I  S  P  R  E  Z  E  C  E  C  E
G  M  E  G  Ș  A  I  S  P  R  E  Z  E  C  E  E
K  U  O  P  T  R  E  N  O  U  Ă  S  F  D  Z  Y
J  Z  R  U  Y  Y  R  N  E  K  W  V  A  E  B  L
O  O  Ț  X  X  N  T  E  Ț  R  M  T  F  Ș  V  J
```

PAISPREZECE	DOISPREZECE
ZERO	DOI
CINCI	NOUĂ
PATRU	OPT
ZECIMAL	CINCISPREZECE
NOUĂSPREZECE	ȘASE
OPTSPREZECE	ȘAPTE
ȘAISPREZECE	TREISPREZECE
ȘAPTESPREZECE	TREI
ZECE	DOUĂZECI

20 - Física

```
R  F  F  Ă  Ț  N  E  V  C  E  R  F  P  B  V  R
C  H  I  M  I  C  R  Z  K  Y  G  Z  A  G  I  E
F  A  H  W  N  F  A  Q  G  Z  K  T  R  T  T  L
H  I  T  X  B  Z  R  D  Q  Y  T  Z  T  I  E  A
C  P  R  E  S  K  E  L  R  Z  M  S  I  C  Z  T
M  O  L  E  C  U  L  Ă  H  L  O  U  C  J  Ă  I
T  A  F  F  U  J  E  K  R  A  M  L  U  F  N  V
K  N  M  A  A  A  C  D  Ț  S  O  J  L  O  U  I
L  O  P  S  C  B  C  K  C  R  M  S  Ă  R  C  T
G  R  A  V  I  T  A  Ț  I  E  A  M  N  M  L  A
A  T  O  M  N  T  Z  Y  Y  V  S  O  N  U  E  T
F  C  R  O  A  L  E  C  E  I  Ă  T  M  L  A  E
V  E  R  Q  C  I  R  N  N  L  O  I  Ă  R  Ț
I  L  L  O  E  Ț  O  Q  G  U  Y  R  F  K  X  K
S  E  S  H  M  P  Ț  E  T  A  T  I  S  N  E  D
Ț  T  Y  J  H  L  O  Z  H  Ț  M  T  Q  R  E  W
```

ACCELERARE
ATOM
HAOS
DENSITATE
ELECTRON
FORMULĂ
FRECVENȚĂ
GAZ
GRAVITAȚIE
MAGNETISM

MASĂ
MECANICA
MOLECULĂ
MOTOR
NUCLEAR
PARTICULĂ
CHIMIC
RELATIVITATE
UNIVERSAL
VITEZĂ

21 - Belleza

```
L D R P J Y Y O Z G K S E Y P S
E R Ţ B C E M R A F K E L I L G
C I N E G O T O F P C R E X X H
M U K N L K S Q F C B V G U A R
V A L N B K O M U S Ă I A C G G
B E A O I H R U E J D C N Y S M
E C N P A S I F L T N I T B X A
L E F M U R M R E S I I X U A Ţ
O F U A O Q E A I I L C Ţ C P X
I R Q Ș R U J P P L G D E L Y J
J A I H C A M F U I O D O E Ţ V
H O G M T V Y D I T S B I R W S
F F S E E X K T C S P J H Z O H
G H Y G J L E L E G A N Ţ Ă C H
M Q B X U L T Y R L L Z W Q I A
G R A Ţ I E U L E I U R I S B O
```

ULEIURI	FOTOGENIC
MIROS	PARFUM
ȘAMPON	GRAŢIE
CULOARE	MACHIAJ
COSMETICE	PIELE
ELEGANŢĂ	RUJ
ELEGANT	BUCLE
FARMEC	RIMEL
OGLINDĂ	SERVICII
STILIST	FOARFECE

22 - Países #1

```
I  O  D  K  V  C  A  N  A  D  A  E  Ţ  X  R  J
T  O  Q  B  Q  A  I  N  T  Ţ  I  E  G  I  P  T
A  V  U  U  H  I  N  D  I  A  G  R  A  C  H  V
L  B  V  G  M  G  O  Ţ  L  I  E  D  R  W  O  E
I  T  E  T  M  T  L  I  F  L  V  A  G  M  N  N
A  H  X  L  F  S  O  S  G  I  R  P  E  Y  D  E
Z  Y  Ţ  S  G  I  P  T  Z  Z  O  R  N  L  U  Z
Ţ  K  V  U  X  I  L  Y  W  A  N  O  T  A  R  U
M  J  K  H  T  O  A  I  Ţ  R  O  D  I  U  A  E
F  A  S  P  A  N  I  A  P  B  Q  A  N  G  S  L
E  U  L  L  I  B  I  A  Ţ  I  K  U  A  A  B  A
F  N  K  I  P  A  N  A  M  A  N  C  O  R  A  M
G  E  R  M  A  N  I  A  F  Ţ  J  E  S  A  S  A
I  G  P  S  E  G  Q  F  K  E  P  P  Y  C  Z  U
H  U  M  A  K  B  C  M  H  W  E  L  P  I  X  K
N  D  A  Ţ  B  Z  P  G  G  G  W  J  S  N  F  L
```

GERMANIA	INDIA
ARGENTINA	ITALIA
BELGIA	LIBIA
BRAZILIA	MALI
CANADA	MAROC
ECUADOR	NICARAGUA
EGIPT	NORVEGIA
SPANIA	PANAMA
FILIPINE	POLONIA
HONDURAS	VENEZUELA

23 - Mitología

```
B  Z  I  Q  E  R  O  U  C  L  L  E  G  M  C  F
Q  E  Z  Q  A  E  J  E  N  R  O  T  I  R  U  M
K  X  L  M  V  C  C  G  U  E  E  V  P  V  L  X
Q  K  V  A  R  H  E  T  I  P  M  A  K  C  T  P
R  Ă  Z  B  U  N  A  R  E  J  Q  U  R  M  U  Q
C  O  M  P  O  R  T  A  M  E  N  T  R  E  R  A
F  P  R  B  A  Ă  V  V  W  A  H  L  L  I  Ă  C
P  Q  T  N  I  R  I  B  A  L  S  F  X  C  R  S
D  N  C  O  P  U  R  T  S  N  O  M  H  R  L  E
D  E  Z  A  S  T  R  U  H  P  F  B  S  E  E  O
Q  W  X  Q  W  P  G  E  L  O  Z  I  E  D  G  X
U  G  M  W  P  Ă  T  I  G  Q  G  P  I  I  E  B
T  X  Ţ  V  Z  F  Ă  S  Z  L  B  F  I  N  N  Y
M  Ţ  D  G  J  M  R  B  B  N  U  G  Q  Ţ  D  X
M  U  P  D  A  Q  I  B  Q  S  B  F  B  E  Ă  L
T  U  N  E  T  T  Ţ  E  R  Ă  Z  B  O  I  N  I  C
```

ARHETIP
GELOZIE
CER
COMPORTAMENT
CREARE
CREDINŢE
FĂPTURĂ
CULTURĂ
DEZASTRU
TĂRIE

RĂZBOINIC
EROU
NEMURIRE
LABIRINT
LEGENDĂ
MONSTRU
MURITOR
FULGER
TUNET
RĂZBUNARE

24 - Ecología

```
O E V X M V N V U G M V G U F Z
T R S M C L A B O L G R S L L O
N I E P J C F R F I R E S C O Z
A U T C E V P Z I E N D O S R D
T Ț A P Y C F Q D E E M N E Ă U
U E T H M C I O Y X T A F J S R
R I I U Y H O E Ă T N A I I E A
Ă V S J S C A M N V A E T I C B
M A R I N L Ț F U Ă L I I E E I
K R E Z H I K D A N P Ț M J T L
T P V Q M M P R F I I A Z Y Ă Ă
T U I K N A V L E T A T I B A H
H S D S B T D G I Ș P E Ă V Q P
R E S U R S E T D A J G B Ț N Ț
V O L U N T A R I L C E Y J I U
W G K J H Z R Z R M I V Ț W P D
```

CLIMAT	NATURĂ
COMUNITĂȚI	MLAȘTINĂ
DIVERSITATE	PLANTE
SPECIE	RESURSE
FAUNĂ	SECETĂ
FLORĂ	DURABILĂ
GLOBAL	SUPRAVIEȚUIRE
HABITAT	VARIETATE
MARIN	VEGETAȚIE
FIRESC	VOLUNTARI

25 - Casa

```
I  J  N  C  F  E  R  E  A  S  T  R  Ă  Q  H  T
U  Z  Z  H  O  N  D  E  V  Z  R  F  U  V  A  K
P  J  H  J  C  V  U  T  O  P  B  G  G  D  U  Ș
X  X  Ț  N  G  Q  O  E  O  N  L  F  X  R  Q  I
G  Ț  O  C  Y  J  A  R  A  G  Y  P  W  A  I  R
B  R  Z  W  Z  O  Z  E  X  Ț  G  J  I  G  C  E
G  O  Ă  R  T  A  V  P  I  P  O  D  E  A  U  P
O  T  C  D  J  Z  P  Ă  D  R  A  S  N  A  M  O
G  I  E  R  I  A  Z  Ț  Ț  U  Ă  P  M  A  L  C
L  M  T  M  S  N  J  R  L  Q  W  T  A  O  X  A
I  R  O  W  U  F  Ă  O  M  Z  U  Ș  Ă  C  H  I
N  O  I  Z  B  L  R  B  E  F  Q  C  J  C  F  L
D  D  L  D  S  A  U  I  G  O  U  P  M  P  U  X
Ă  N  B  X  O  E  T  N  W  H  X  Ț  H  H  I  B
R  I  I  F  L  S  Ă  E  Q  I  F  R  J  E  Q  G
F  Ț  B  A  D  Q  M  T  F  A  N  Z  U  W  Q  Z
```

COVOR	ROBINET
MANSARDĂ	GRĂDINĂ
BIBLIOTECĂ	LAMPĂ
VATRĂ	PERETE
BUCĂTĂRIE	PODEA
DORMITOR	UȘĂ
DUȘ	SUBSOL
MĂTURĂ	ACOPERIȘ
OGLINDĂ	GARD
GARAJ	FEREASTRĂ

26 - Artes Visuales

```
P  Ţ  Ă  R  U  T  P  L  U  C  S  C  O  S  A  L
J  N  D  W  H  X  F  O  S  A  Z  R  L  H  R  V
H  B  G  J  A  C  Y  D  R  L  J  E  A  F  T  A
G  P  P  S  O  T  R  A  X  T  B  T  K  N  I  R
Q  V  I  C  H  V  Q  E  L  Y  R  Ă  F  O  S  H
F  C  X  C  E  A  R  Ă  I  Q  U  E  S  U  T  I
I  C  E  I  I  Z  M  C  T  O  W  L  T  Y  Q  T
L  V  N  R  D  M  B  B  Z  C  N  F  S  M  L  E
M  L  U  J  A  G  Ă  R  E  P  O  D  O  P  A  C
C  E  B  L  Ţ  M  D  X  Q  H  T  S  W  K  Ş  T
C  A  R  U  T  C  I  P  R  Ţ  M  W  O  M  E  U
Ţ  A  Ă  D  R  E  A  C  Y  Ţ  Z  A  V  U  R
J  L  C  G  E  Ţ  D  T  Ă  L  I  G  R  A  A  Ă
P  E  R  S  P  E  C  T  I  V  Ă  V  T  A  L  R
C  O  M  P  O  Z  I  Ţ  I  E  R  Z  F  X  E  F
C  R  E  A  T  I  V  I  T  A  T  E  F  Y  T  P
```

ARGILĂ	SCULPTURĂ
ARHITECTURĂ	CREION
ARTIST	CAPODOPERĂ
LAC	FILM
ŞEVALET	PERSPECTIVĂ
CĂRBUNE	PICTURA
CEARĂ	PIX
CERAMICĂ	PORTRET
COMPOZIŢIE	CRETĂ
CREATIVITATE	

27 - Salud y Bienestar #2

```
X  H  T  I  T  E  P  A  H  P  T  P  H  L  O  R
R  A  E  I  G  R  E  N  E  S  T  R  E  S  G  E
H  D  M  R  B  I  B  B  G  O  H  T  H  F  E  C
G  P  A  O  Q  O  E  T  F  T  C  Ț  W  D  N  U
S  H  L  L  T  E  R  N  K  Ă  S  S  Z  T  E  P
V  Z  S  A  Ț  G  G  R  Ă  N  R  W  L  P  T  E
V  E  C  C  D  R  S  P  I  Ă  Z  Z  K  J  I  R
D  I  E  T  Ă  E  S  C  G  S  Q  D  A  Ă  C  A
O  M  I  U  Q  U  D  S  P  I  T  A  L  N  Ă  R
Ț  O  Ț  O  P  T  Q  I  A  L  E  R  G  I  E  E
P  T  I  T  N  A  B  D  G  Z  Z  P  B  M  Ț  R
S  A  R  V  G  T  Z  O  V  E  O  Q  M  A  E  H
Â  N  T  O  E  E  O  I  A  G  S  O  R  T  N  H
N  A  U  Q  A  Z  Z  Ț  I  L  E  T  R  I  W  F
G  W  N  W  M  A  S  A  J  B  A  Ț  I  V  L  F
E  I  N  F  E  C  Ț  I  E  E  L  Z  Ț  E  A  S
```

ALERGIE	IGIENĂ
ANATOMIE	SPITAL
APETIT	INFECȚIE
CALORII	MASAJ
DIETĂ	NUTRIȚIE
DIGESTIE	GREUTATE
ENERGIE	RECUPERARE
BOALA	SĂNĂTOS
STRES	SÂNGE
GENETICĂ	VITAMINĂ

28 - Selva Tropical

```
R  R  Ţ  R  U  Q  V  Ţ  I  C  E  Y  C  C  Z  C
E  H  O  I  B  Q  N  S  X  U  K  Z  C  O  Q  P
S  R  E  S  T  A  U  R  A  R  E  Ţ  C  M  C  A
P  U  N  F  A  R  E  F  U  G  I  U  T  U  L  M
E  O  K  V  K  K  V  K  E  T  C  E  S  N  I  F
C  D  I  V  E  R  S  I  T  A  T  E  C  I  M  I
T  O  Ă  L  G  N  U  J  U  V  Y  E  W  T  A  B
S  U  P  R  A  V  I  E  Ţ  U  I  R  E  A  T  I
Q  F  J  D  U  B  V  G  P  M  B  A  U  T  D  E
Z  K  E  L  P  T  A  H  Ă  A  M  V  N  E  S  N
J  G  F  Q  E  F  A  W  S  M  U  R  X  O  O  I
C  S  P  E  C  I  E  N  Ă  I  Ş  E  I  L  R  F
I  N  D  I  G  E  N  E  R  F  C  S  Y  S  O  I
B  O  T  A  N  I  C  O  I  E  H  N  M  W  L  G
V  S  Q  F  J  F  D  V  U  R  I  O  D  A  A  F
O  L  A  H  K  H  V  C  X  E  W  C  O  Z  V  L
```

AMFIBIENI	NATURĂ
BOTANIC	NORI
CLIMAT	PĂSĂRI
COMUNITATE	CONSERVARE
DIVERSITATE	REFUGIU
SPECIE	RESPECT
INDIGENE	RESTAURARE
INSECTE	JUNGLĂ
MAMIFERE	SUPRAVIEŢUIRE
MUŞCHI	VALOROS

29 - Colores

```
F I P L Q Z V N Y G D S M B G F
L F U A V P I G M H R G A X N U
Z N F T I Z O R Y C D L R D E C
K O Y N I P L O X M F Z O G G S
Z K N E D J E B D Ț J J G R R I
G K A G U R T S A B L A I I U E
I A Q A W X P H S K B C D D X D
K Y L M C X X H J Ț U A N B J R
T D A B N M U A I N V U I S S E
Q Y J G E T Ț O L B M Q A S U V
Z T X W C N L T N B U B Y X E B
R O Ș U P O R T O C A L I U E K
V L D N J Y Q M E X A J D A P I
C Y A N O S M I R C Z U J Ț S G
R N I Y R V S V Z O U K M R X T
G O V Ț K I S X P T R B N V J R
```

GALBEN
ALBASTRU
AZUR
BEJ
ALB
CRIMSON
CYAN
FUCSIE
GRI
INDIGO

MAGENTA
MARO
PORTOCALIU
NEGRU
VIOLET
ROȘU
ROZ
SEPIA
VERDE

30 - Adjetivos #1

```
P W M X O C U P Q R B D S S R Z
A G P M I A U E R G R X V E M W
M R D Z Y E I R E C N I S R C X
O I O P U G M F M A R E O I X S
D A M M E K P E H K F K R O R Q
E B N E A Z O C V Y B Ţ E S G B
R S E Ţ N T R T B N W G N I Z P
N O V N Ţ S T Î N T U N E R I C
L L I E V O A E Ţ E L G G A V B
U U N E I I N G D C T I N E R I
M T O M G Ţ T S G N A C T I V M
I S V H B I C C W Î Ţ U K L I G
N R A R S B B D A C S F S N R I
O B T W B M M P R R U W S W K E
S O R O L A V D B H T E G U Z Z
K H M Y L Z W E Y H Y A K I F W
```

ABSOLUT
ACTIV
AMBIŢIOS
AROMAT
ATRACTIV
LUMINOS
IMENS
GENEROS
MARE
SINCER

IMPORTANT
NEVINOVAT
TINERI
ÎNCET
MODERN
ÎNTUNERIC
PERFECT
GREU
SERIOS
VALOROS

31 - Familia

```
A H K B U N I C A K I W G C R T
H W H G W S U I R M Q B E O W Z
R N D T W X B N O D Y Q I P U A
A R J R K Q Y U S P V A W I N D
R C G A E R O B E V Q T N L C U
O U I A A O Z B W C F G L Ă H W
A N I I A Y K Y Z R Ţ C Z R I Q
C O P P F Ţ Ă L X V Q T T I Y S
O Ș O M Ă R T S K H Z U R E W U
P Z C M M Ă A A U E R P E N N C
I P L A A V T T Z G P T A E D X
L G P L M T O P E N S R S P Ţ E
M Ă T U Ş Ă E Y T A E R N O U D
G Z S Ţ G Ţ L R U D T F S A T I
V L Z O F Q B B N V E L K T N V
U T N S Ţ Ţ P L S O Ţ I E Ă P W
```

BUNICA
BUNIC
STRĂMOȘ
SOȚIE
SORA
FRATE
FIICA
COPILĂRIE
MAMĂ
SOȚUL

MATERN
NEPOT
COPIL
COPII
TATĂ
VĂR
NEPOATĂ
MĂTUȘĂ
UNCHI

32 - Disciplinas Científicas

```
P E T L Z O Q N Ă C I N A T O B
S I C E Z B M Ţ X H B B Ă A G U
I G W O R A F L Q I V I C S S Q
H O T O L M Q Z E M A O I T O H
O L Ţ B T O O J H I J L T R C M
L O K I V S G D G E X O S O I L
O R B H H W F I I Ţ R G I N O A
G U P Y B O I P E N U I V O L N
I E R C X I Ţ Z N K A E G M O A
E N X E I G O L O E G M N I G T
O H M Ţ H E T C K S I L I E I O
M E C A N I C A H R N U L C E M
H I Z E I G O L O I Z I F J Ă I
I M U N O L O G I E M I U O H E
M I N E R A L O G I E I S U S T
M E T E O R O L O G I E E Y Y G
```

ANATOMIE	LINGVISTICĂ
ASTRONOMIE	MECANICA
BIOLOGIE	METEOROLOGIE
BIOCHIMIE	MINERALOGIE
BOTANICĂ	NEUROLOGIE
ECOLOGIE	PSIHOLOGIE
FIZIOLOGIE	CHIMIE
GEOLOGIE	SOCIOLOGIE
IMUNOLOGIE	TERMODINAMICĂ

33 - Cocina

```
A  I  R  C  A  F  P  Y  C  U  I  K  E  U  P  Ș
U  H  A  E  R  A  O  Ș  I  Ț  E  B  N  L  O  E
W  R  T  A  D  Q  S  X  K  T  T  X  C  C  L  R
R  Ț  Ă  I  H  I  V  I  N  P  N  F  B  I  O  V
B  Q  R  N  S  U  G  R  E  Ț  E  T  Ă  O  N  E
Ț  O  G  I  Y  J  H  I  S  B  M  C  C  R  I  Ț
N  F  R  C  U  O  E  R  R  C  I  U  A  N  C  E
B  S  N  C  O  E  K  U  O  F  D  Ț  S  A  G  L
M  C  B  H  A  T  S  G  T  F  N  I  T  Q  I  Y
Ș  O  R  Ț  E  N  J  N  A  S  O  T  R  P  Ț  I
B  U  R  E  T  E  O  I  L  R  C  E  O  F  P  M
X  T  L  H  F  M  Z  L  E  Y  S  H  N  W  I  X
K  V  V  H  V  I  X  N  G  P  H  Z  V  Y  M  A
F  X  U  S  Q  L  K  Ț  N  C  U  P  T  O  R  B
F  U  R  C  I  A  X  O  O  V  D  C  Y  T  X  Y
U  G  Y  C  H  O  T  F  C  G  R  B  G  D  J  L
```

CEAINIC	ULCIOR
ALIMENTE	BEȚIȘOARE
CONGELATOR	GRĂTAR
LINGURI	REȚETĂ
POLONIC	FRIGIDER
CUȚITE	ȘERVEȚEL
ȘORȚ	BORCAN
CONDIMENTE	CUPE
BURETE	CASTRON
CUPTOR	FURCI

34 - Moda

```
E  M  N  L  S  S  J  T  P  X  W  H  I  C  T  W
B  S  F  N  C  I  K  E  R  P  I  B  U  T  I  C
B  R  T  R  U  M  S  X  A  B  Q  R  E  S  P  M
B  U  O  E  M  P  T  T  C  A  B  D  C  E  T  E
M  Ţ  T  D  P  L  I  U  T  R  O  E  T  I  X  P
H  Z  D  O  E  U  L  R  I  S  K  T  U  T  Y  A
M  C  Z  M  A  R  Q  Ă  C  D  A  N  T  E  L  Ă
H  Ă  D  L  A  N  I  G  I  R  O  I  A  W  E  R
X  Ţ  S  C  G  Ţ  E  E  Z  G  E  M  C  N  D  U
C  N  Ţ  U  M  O  D  E  S  T  L  Ă  I  W  O  T
X  I  P  Y  R  J  F  A  W  K  E  C  T  F  M  Ă
L  D  S  C  H  Ă  G  E  Q  Y  G  Ă  S  U  A  S
S  N  V  R  H  Ţ  T  B  J  Z  A  R  I  M  A  E
Q  E  D  B  O  S  I  O  V  P  N  B  F  N  G  Ţ
A  T  X  C  I  Ţ  S  F  R  P  T  M  O  A  F  H
S  T  S  I  L  A  M  I  N  I  M  Î  S  K  C  G
```

BRODERIE	MODEST
BUTOANE	ORIGINAL
BUTIC	MODEL
SCUMP	PRACTIC
ELEGANT	ÎMBRĂCĂMINTE
DANTELĂ	SIMPLU
STIL	SOFISTICAT
MĂSURĂTORI	ŢESĂTURĂ
MINIMALIST	TENDINŢĂ
MODERN	TEXTURĂ

35 - Electricidad

```
D Ț O G E N E R A T O R P D J P
A E N U I Z I V E L E T Z N R E
V I P X S J V W L O Ț R E E D L
M R C O C A B L U S R Ț W G G E
B E P T Z Q J D J Q M H E A U C
Ț T Z R C I R T C E L E C T S T
J A E W I K T S L S B T H I B R
S B Z O K Z G A L L S A I V E I
L A M P Ă H Ă E R I F T P I C C
M T B P F C P Ț E E M I A T E I
A A W M Z Y V E S T W T M I B A
F K G A T O Ț R A C P N E Z S N
Z V R N N O F E L E T A N O G L
I Q N Z E W G M U I Y C T P S K
Z F D B M T K B O B O M B F O U
M M R H Q K K Ț O O K A Q A Y H
```

DEPOZITARE
BATERIE
BEC
CABLU
FIRE
CANTITATE
ELECTRICIAN
ELECTRIC
PRIZĂ
ECHIPAMENT

GENERATOR
MAGNET
LAMPĂ
LASER
NEGATIV
OBIECTE
POZITIV
REȚEA
TELEVIZIUNE
TELEFON

36 - Salud y Bienestar #1

```
B  C  L  I  N  I  C  A  E  L  E  I  P  Î  M  I
A  Ţ  L  T  S  I  M  W  I  O  S  P  M  N  N  B
C  U  A  J  W  U  X  A  C  U  A  O  H  Ă  L  D
T  M  A  R  E  L  A  X  A  R  E  S  S  L  N  G
E  U  Ţ  U  I  M  J  M  M  O  Q  I  E  Ţ  X  A
R  Ș  L  V  P  Q  A  H  R  T  O  Ţ  A  I  T  R
I  C  T  X  A  E  T  O  A  C  W  Q  B  M  X  H
I  H  J  C  R  W  L  D  F  O  B  K  A  E  L  L
N  I  Y  X  E  L  F  E  R  D  Z  C  C  Z  N  P
O  J  R  P  T  N  E  M  A  T  A  R  T  Y  E  Ţ
M  Z  X  S  C  Q  Z  I  Ă  N  I  C  I  D  E  M
R  M  K  F  R  A  C  T  U  R  Ă  V  V  S  Ţ  D
O  I  O  B  I  C  E  I  O  F  A  W  I  F  P  Ţ
H  Q  M  V  R  G  R  U  Q  O  L  B  Y  R  O  Q
Y  N  D  J  J  K  H  R  F  G  Y  L  O  X  U  O
S  R  P  O  S  T  U  R  Ă  L  O  N  Q  D  O  S
```

ACTIV	OASE
ÎNĂLŢIME	MEDICINĂ
BACTERII	MUȘCHI
CLINICA	PIELE
DOCTOR	POSTURĂ
FARMACIE	REFLEX
FRACTURĂ	RELAXARE
FOAME	TERAPIE
OBICEI	TRATAMENT
HORMONI	VIRUS

37 - Adjetivos #2

```
M  M  R  L  L  U  C  I  N  R  E  T  U  P  F  C
B  J  Â  M  V  L  U  Z  F  O  W  J  G  C  I  E
S  T  E  N  Q  T  F  M  K  R  U  A  E  Y  R  L
O  Ă  P  S  D  P  R  O  D  U  C  T  I  V  E  E
T  I  R  L  V  R  J  I  I  Z  U  K  U  I  S  B
Ă  N  A  A  I  V  U  P  I  C  A  N  T  T  C  R
N  U  K  M  T  Ă  P  S  A  O  R  P  N  P  T  U
Ă  S  Y  R  A  O  B  O  S  I  T  P  A  I  L  D
S  C  H  O  E  D  I  Y  V  M  B  D  S  R  E  R
T  A  J  N  R  I  F  M  R  U  Z  Q  E  C  L  A
F  T  S  K  C  L  J  M  T  U  B  H  R  S  E  M
V  R  E  S  P  O  N  S  A  B  I  L  E  E  G  A
C  O  M  E  S  T  I  B  I  L  X  V  T  D  A  T
O  R  L  X  E  Z  Z  D  G  Ţ  Ţ  B  N  A  N  I
E  N  E  V  K  O  D  Q  U  G  G  A  I  P  T  C
E  A  R  J  D  S  F  Q  W  X  T  D  E  Z  W  S
```

OBOSIT
COMESTIBIL
CREATIV
DESCRIPTIV
DRAMATIC
ELEGANT
CELEBRU
PROASPĂT
PUTERNIC
INTERESANT

FIRESC
NORMAL
NOU
MÂNDRU
PICANT
PRODUCTIV
RESPONSABIL
SĂRAT
SĂNĂTOS
USCAT

38 - Cuerpo Humano

```
B  H  L  Y  I  P  A  C  D  E  G  E  T  S  M  H
W  C  I  M  J  I  T  D  P  Ţ  U  B  R  Â  T  P
W  R  M  K  L  C  O  T  A  P  I  L  Z  N  A  C
W  O  B  P  S  I  C  C  E  R  N  S  C  G  S  Z
T  R  Ă  M  U  O  L  I  H  K  I  O  N  E  P  M
A  E  Ţ  I  Z  R  B  Z  C  I  M  O  N  G  Â  T
Ţ  I  A  I  C  F  H  Ţ  E  L  Ă  N  Z  E  L  G
C  E  F  W  W  M  Q  E  R  X  D  Q  L  Ţ  G  V
R  R  P  W  A  X  Z  C  U  B  L  L  N  P  R  M
A  C  Q  M  B  M  D  G  F  Ă  G  Ţ  A  S  J  V
K  N  G  T  Â  D  J  E  I  R  H  U  S  R  R  K
P  I  E  L  E  N  L  V  A  B  K  T  R  H  A  D
F  L  W  Q  M  I  Ă  M  S  I  M  V  D  Ă  F  Y
G  E  N  U  N  C  H  I  T  E  C  Z  R  B  O  C
U  I  L  Ţ  L  C  C  T  U  U  L  C  D  T  D  N
N  U  Ţ  G  N  F  Ţ  L  Q  Z  C  S  T  N  J  U
```

BĂRBIE	LIMBĂ
GURĂ	MÂNĂ
CAP	NAS
FAŢĂ	OCHI
CREIER	URECHE
COT	PIELE
INIMĂ	PICIOR
GÂT	GENUNCHI
DEGET	SÂNGE
UMĂR	GLEZNĂ

39 - Calentamiento Global

```
A C U M D H V I P Y X W K S L O
R M H I I N W I I R I G M U E M
M J H O E S U W I J I W Y V G D
O S E L U C G Y R T B O W W I E
Ț N H K Q Ă Z I R C O X J A S Ș
M O L S P J A I S D J R Ț G L T
E I H P Q Z G Ț I S K X F U A I
D N K O Y Ț E A O Ț T M I V Ț I
I L I E L E M R N V A W N E I N
U E N E R G I E Ț Z M L D R E Ț
E G K J Ț N S N J H I F U N A Ă
T I Y Ț I M D E L D L Z S P Z P
A R C T I C F G P K C G T G O M
D E Z V O L T A R E K O R W H P
C O N S E C I N Ț E X L I E U H
X C A T E N Ț I E P G G E U Ț M
```

ACUM
MEDIU
ATENȚIE
ARCTIC
OM DE ȘTIINȚĂ
CLIMAT
CONSECINȚE
CRIZĂ
DATE

DEZVOLTARE
ENERGIE
VIITOR
GAZ
GENERAȚII
GUVERN
INDUSTRIE
LEGISLAȚIE
POPULAȚII

40 - Ciencia

```
E T N A L P F D E L G M O E P A
T X R Z O M I I G A R E M G A Y
A X P R I C Z Y S B A T D Z R A
D T M E I Q I D N O V O E Q T C
A Q O L R M C K F R I D Ș Y I C
J B X M C I Ă S A A T Ă T L C L
N A T U R Ă M K P T A Z I M U I
L O U S Y P S E T O Ț E I O L M
E J W L U G I L N R I T N L E A
A V C I D G N A M T E O Ț E Z T
Z D O F J N A R S T U P Ă C W M
X G W L N Ţ G E Y U B I F U D B
A U T U U S R N P M Ţ F C L N J
N H V E C Ţ O I P K R R P E N E
F O S I L C I M I H C P D A I E
Z H F X T F C E L I Y M Ţ O N V
```

ATOM
OM DE ȘTIINȚĂ
CLIMAT
DATE
EVOLUȚIE
EXPERIMENT
FIZICĂ
FOSIL
GRAVITAȚIE
FAPT

IPOTEZĂ
LABORATOR
METODĂ
MINERALE
MOLECULE
NATURĂ
ORGANISM
PARTICULE
PLANTE
CHIMIC

41 - Restaurante #2

```
A R E T W R H S A N I C H L A D
B T G T P B D A Q P S E I E L Z
T E T Ş E P X L A N Ă M I W P R
F R U C T H T A P I Ţ U S S T K
V E R O N Q O T E W A G O C G J
L N J V E T R Ă R I E E I J K W
G L J Ţ M H T X I D H L C A M C
F E Y N I L B S T O G M I V T P
Ţ H W J D T Y T I I J S L O M A
U C G F N Z U D V L L A E N V Z
G G Ţ U O N N U A C S R D M C K
Q A O R C Y Q Â D B I E R A H W
B N D C B Y B R R B Ă U T U R Ă
W E E Ă K Q Q S U P Ă A G K S T
E Ţ H E V L I N G U R Ă J A R C
Q F P C L Y N S R Ţ Z C B Y C F
```

APĂ	FRUCT
PRÂNZ	GHEAŢĂ
APERITIV	OUĂ
BĂUTURĂ	TORT
CHELNER	PEŞTE
CINA	SARE
LINGURĂ	SCAUN
DELICIOS	SUPĂ
SALATĂ	FURCĂ
CONDIMENTE	LEGUME

42 - Profesiones #1

```
L P D R E I T U J I B J Q A M M
C O O N M O N O R T S A C Y U O
D M C P Z B Z S J H O Y J B Z M
P P T S A O L G T F I N T U I D
V I O I D U R E S A G O D R C E
Â E R H T A C O V A L A W X I Ș
N R C O O P Ț L T I E A P P A T
Ă O T L B K D O R A N E T R N I
T Q C O K P K G K Q S K L O R I
O Q R G C M V H L C D N T T R N
R B A N C H E R T S I N A I P Ț
C A R T O G R A F A A V D D U Ă
A N T R E N O R U Ț T Z A E X J
A M B A S A D O R Q T L A R J G
V E T E R I N A R T Z Ț E I L R
M Z M K E N Q Ț N R Q E V T H O
```

AVOCAT
ASTRONOM
ATLET
DANSATOR
BANCHER
POMPIER
CARTOGRAF
VÂNĂTOR
OM DE ȘTIINȚĂ
DOCTOR

EDITOR
AMBASADOR
ANTRENOR
INSTALATOR
GEOLOG
BIJUTIER
MUZICIAN
PIANIST
PSIHOLOG
VETERINAR

43 - Vehículos

```
A T T L G T V A T Ț Ț M Y E P F
A U N K N A X Ț R K T C O F F G
M D T M N D Q B E B W A S K R M
B U A O R X L C N H M B X B R C
U U N S B N C W M X I N O I V A
L N V U S U M R Q W L Q Z U K O
A V E B M H Z E X K F K B W P Y
N C L M X D R E T P O C I L E C
Ț A O A Q U O Y W R O T O M U W
Ă M P R U K T Ț E R O A N U H Y
Ț I E I B K C B D V M U B U R T
L O X N Y B A R C Ă T U L P D Z
K N K A V I R Z W R A C H E T Ă
N A V E T Ă T E L C I C I B Q V
P G O G Ț G D Y I U E Ț H O H E
C A R A V A N Ă N I Ș A M V O C
```

AMBULANȚĂ	BAC
AUTOBUZ	ELICOPTER
AVION	NAVETĂ
PLUTĂ	METROU
BARCĂ	MOTOR
BICICLETĂ	ANVELOPE
CAMION	SUBMARIN
CARAVANĂ	TAXI
MAȘINĂ	TRACTOR
RACHETĂ	TREN

44 - Geometría

```
E  Z  T  Î  N  Ă  L  Ţ  I  M  E  V  F  V  R  N
Z  C  N  R  M  A  S  Ă  N  A  I  D  E  M  K  U
C  L  E  E  I  Ţ  R  O  P  O  R  P  K  D  W  M
O  V  M  I  B  U  V  E  R  T  I  C  A  L  W  Ă
R  L  G  R  J  E  N  U  I  S  N  E  M  I  D  R
I  V  E  O  O  V  R  G  Y  R  N  E  F  F  N  F
Z  D  S  E  N  E  J  A  H  L  J  Ţ  P  X  U  Ţ
O  V  H  T  Z  I  T  H  F  I  U  N  G  H  I  C
N  I  S  U  P  R  A  F  A  Ţ  Ă  B  R  U  C  A
T  M  Q  L  C  T  O  P  H  C  G  C  G  P  Ţ  L
A  E  A  G  L  E  R  I  A  O  K  Q  I  J  I  C
L  I  N  X  Z  M  Z  W  O  R  T  N  S  G  S  U
Ă  O  U  G  C  I  U  Z  X  W  A  P  E  O  O  L
U  O  U  S  J  S  U  L  S  K  Z  L  O  I  Y  L
E  C  U  A  Ţ  I  E  N  P  Y  T  C  E  X  M  W
D  I  A  M  E  T  R  U  G  F  U  K  P  L  G  Z
```

ÎNĂLŢIME
UNGHI
CALCUL
CURBĂ
DIAMETRU
DIMENSIUNE
ECUAŢIE
ORIZONTALĂ
LOGICĂ
MASĂ

MEDIANĂ
NUMĂR
PARALEL
PROPORŢIE
SEGMENT
SIMETRIE
SUPRAFAŢĂ
TEORIE
TRIUNGHI
VERTICAL

45 - Vacaciones #2

```
T Y T U K I P D L H F W T E R P
V R N E R T B Y T R O P O R E A
F G A P A Ș A P O R T T M S Z F
U E R N D U H K K T D J E X E X
F N U L S V I Z Ă I E X I L R R
C O A F W P P I C M S W R A V I
I P T B Z T O R N P T R O C Ă I
D N S O L I L R W L I S T G R G
J C E Q G M X O T I N S Ă H I L
I Z R T E R A M T B A U L F X U
S T R Ă I N A T N E Ț I Ă V A E
Y V H L D B Y F N R I I C M T U
Z D A U K X S K I T E P L A J Ă
Ț G R S Z I K D P I L A R Ț Q Z
J B T N R E V Z K S L K M R J V
U M Ă I V N K X N V A C A N Ț Ă
```

AEROPORT	PAȘAPORT
CORT	PLAJĂ
DESTINAȚIE	REZERVĂRI
STRĂIN	RESTAURANT
FOTOGRAFII	TAXI
HOTEL	TRANSPORT
INSULĂ	TREN
HARTĂ	VACANȚĂ
MARE	CĂLĂTORIE
TIMP LIBER	VIZĂ

46 - Baile

```
Y  V  P  T  D  Z  T  A  E  I  Ţ  A  R  G  N  R
B  V  Ă  R  U  T  S  O  P  X  Y  M  T  V  K  J
S  E  Y  A  Y  A  H  U  L  A  P  O  B  Q  G  M
G  N  H  D  T  T  S  K  I  R  U  R  C  E  J  E
S  M  C  I  S  A  L  C  F  T  C  E  E  Y  V  W
M  I  C  Ţ  V  Ţ  Q  U  H  Ă  U  N  I  S  R  Y
Ţ  V  E  I  M  E  D  A  C  A  L  E  Ţ  U  I  C
W  I  P  O  Ţ  C  S  I  A  B  T  T  I  A  U  V
T  V  L  N  N  H  P  E  E  K  U  R  T  Z  L  D
Q  T  I  A  N  D  Ţ  F  L  P  R  A  E  I  A  C
E  M  P  L  A  U  Z  I  V  P  Ă  P  P  L  R  I
J  M  R  M  I  Ș  C  A  R  E  T  E  E  G  U  B
F  T  O  V  N  M  F  W  F  N  T  A  R  I  T  L
Q  I  C  Ţ  U  Q  I  K  W  W  U  V  D  Z  L  J
Q  R  Ă  C  I  Z  U  M  V  Y  O  S  H  Z  U  C
Y  P  C  N  B  E  I  F  A  R  G  E  R  O  C  Ţ
```

ACADEMIE	EXPRESIV
VESEL	GRAŢIE
ARTĂ	MIȘCARE
CLASIC	MUZICĂ
COREGRAFIE	POSTURĂ
CORP	RITM
CULTURĂ	PARTENER
CULTURAL	TRADIŢIONAL
EMOŢIE	VIZUAL
REPETIŢIE	

47 - Matemáticas

```
C X I H G N U T P E R D L L F Z
E I K T V E K R C Z C M E J K T
X H R M U L O V O D Y U L T Ţ C
P G Q C R X X M W L Z Z A V Ţ R
O N T E U L J B E Y U U R Ţ R J
N U R T E M A I D T Q B A Y I Z
E I E V T M F K G N R K P U N E
N R Ă Y E Q W E Q O D I U V E I
T T Z V G V N P R G J K E B R R
F R A C Ţ I U N E I S F E R Ă T
P E R I M E T R U L N B D J W E
Z E C I M A L X K O A Ţ X D B M
D P S D F Ţ H N F P Ţ S Ă W W I
G X D S J Ţ Ţ U N G H I U R I S
P E R P E N D I C U L A R J N M
A R I T M E T I C Ă W M Q H Ţ D
```

ARITMETICĂ   PARALEL
UNGHIURI   PERIMETRU
CIRCUMFERINŢĂ   PERPENDICULAR
ZECIMAL   POLIGON
DIAMETRU   RAZĂ
ECUAŢIE   DREPTUNGHI
SFERĂ   SIMETRIE
EXPONENT   TRIUNGHI
FRACŢIUNE   VOLUM
GEOMETRIE

48 - Profesiones #2

```
Q  K  A  I  B  I  B  L  I  O  T  E  C  A  R  I
U  C  U  Q  D  C  C  G  T  J  U  F  L  C  O  N
U  B  H  G  D  F  J  E  U  Y  O  A  A  M  T  V
L  I  N  G  V  I  S  T  R  A  P  R  Q  O  C  E
N  S  M  G  D  W  O  L  G  C  B  G  I  Ţ  I  N
P  H  E  U  V  J  Y  J  R  K  E  O  V  P  P  T
J  R  E  N  I  G  N  I  U  J  G  T  W  P  R  A
U  O  O  L  P  Y  A  V  R  K  R  O  Ă  E  I  T
R  T  H  F  O  Z  O  L  I  F  Ă  F  L  T  X  O
N  A  C  E  E  P  O  D  H  T  D  E  Z  O  O  R
A  R  N  Y  Z  S  M  U  C  R  I  D  R  S  I  R
L  T  G  G  O  L  O  O  Z  X  N  M  P  H  J  B
I  S  T  U  A  N  O  R  T  S  A  E  W  Q  Ţ  F
S  U  P  I  L  O  T  Z  O  D  R  D  E  B  F  R
T  L  B  D  E  N  T  I  S  T  I  I  G  O  Q  D
V  I  T  C  E  T  E  D  T  T  Y  C  B  D  B  G
```

ASTRONAUT	INVENTATOR
BIBLIOTECAR	CERCETĂTOR
BIOLOG	GRĂDINAR
CHIRURG	LINGVIST
DENTIST	MEDIC
DETECTIV	JURNALIST
FILOZOF	PILOT
FOTOGRAF	PICTOR
ILUSTRATOR	PROFESOR
INGINER	ZOOLOG

49 - Senderismo

```
O P R E G Ă T I R E A H P V W K
B Y H Z J L Z R G R E U A K O S
O P I E T R E A R A L Ț R D D J
S S T Â N C Ă Ț F T A W C W Q H
I N Q X U Q P N N N M J U Z F Y
T R A P Z P A Â M E I L R Z O Q
I S U T F C B Ț E I N L I M C R
M V K D U E Y Ă T R A H S G A L
M R Y R I R A I N O R Ț R A M Ț
U A C P X H Ă T U B C Y X Q P Z
S S O A R E G D M P Ț I I G I S
S Ă L B A T I C C H U N Z Ț N E
S F G U Y O L E T I F V L M G J
W L C P G T J L I T Q M F L E G
T W F A Y O L U B H P V X B G L
C L I M A T Z J H J U Z I Q H F
```

STÂNCĂ	MUNTE
APĂ	ȚÂNȚARI
ANIMALE	NATURĂ
CIZME	ORIENTARE
CAMPING	PARCURI
OBOSIT	GREU
CLIMAT	PIETRE
SUMMIT	PREGĂTIREA
GHIDURI	SĂLBATIC
HARTĂ	SOARE

50 - Naturaleza

```
S Ă L B A T I C P A B D I Ț K N
D S Y O V M Z O B Ă D D X X L H
D I S E N I N A U M D Ă Ț A E C
Z Q N Y R M J I E V U U P Q A I
L R L A T I V H Ț N Z I R O N H
A G H L M Z E N U I Z O R E S Z
P X M L P I W M M R K T A N P T
K M P D W T C I T C R A Ț I A R
F R U M U S E Ț E P L B E B Ș E
N A R Â U V Z G H K I P H L N Ș
L U E G V M N B J P G W G A I E
J T V W X K U E S Z Q T U G C D
C C P S W C R R I R D F I F Ă L
A N A X Y P F T R O P I C A L F
A A T A J I B Ț U Q Ț C W C Ț P
V S A N I M A L E T B P O I V W
```

ALBINE

ANIMALE

ARCTIC

FRUMUSEȚE

PĂDURE

DEȘERT

DINAMIC

EROZIUNE

FRUNZE

GHEȚAR

CEAȚĂ

NORI

PAȘNICĂ

ADĂPOST

RÂU

SĂLBATIC

SANCTUAR

SENIN

TROPICAL

VITAL

51 - Conduciendo

```
I  P  Ă  V  F  E  Y  L  O  C  I  R  E  P  M  V
D  D  Ț  Ţ  M  N  O  I  M  A  C  B  Z  O  O  I
O  N  N  U  P  T  R  B  I  H  V  N  Ţ  E  T  T
Y  S  E  P  E  J  Ă  I  C  X  Z  A  G  Y  O  E
H  J  C  I  F  A  R  T  D  W  T  C  L  V  C  Z
L  N  I  E  V  R  L  S  R  E  P  C  U  P  I  Ă
M  V  L  T  N  A  Ţ  U  G  A  I  I  M  C  C  I
Ţ  A  G  O  W  G  Q  B  P  D  H  D  O  T  L  R
G  M  Ș  N  R  T  R  M  Y  E  I  E  T  R  E  L
M  Y  E  I  T  I  L  O  P  I  D  N  O  O  T  T
Q  E  Q  A  N  D  E  C  K  F  V  T  R  P  Ă  G
Z  B  H  F  B  Ă  Ţ  N  A  R  U  G  I  S  D  T
A  I  N  F  M  W  Q  E  Â  T  K  O  T  N  A  C
T  U  N  E  L  Z  B  S  W  R  O  A  K  A  R  V
A  Q  Y  J  F  V  K  F  D  O  F  V  J  R  T  A
L  I  J  U  E  I  A  A  Ţ  I  Ţ  Y  L  T  S  D
```

ACCIDENT
STRADĂ
CAMION
MAȘINĂ
COMBUSTIBIL
FRÂNE
GARAJ
GAZ
LICENȚĂ
HARTĂ

MOTOCICLETĂ
MOTOR
PIETON
PERICOL
POLITIE
SIGURANȚĂ
TRANSPORT
TRAFIC
TUNEL
VITEZĂ

52 - Ballet

```
Q  M  G  H  V  D  N  Ă  C  I  N  H  E  T  Z  P
A  W  E  U  I  Y  T  M  O  Z  A  L  J  E  K  U
G  F  P  M  S  J  M  S  R  Ţ  M  T  N  S  B  B
X  B  J  A  E  Q  I  O  E  Z  U  A  L  P  A  L
B  A  L  E  R  I  N  Ă  G  G  P  F  D  T  P  I
O  E  I  R  P  I  E  C  R  X  J  C  N  I  R  C
R  O  T  A  X  Ţ  H  I  A  F  J  T  Q  F  A  W
C  Y  S  N  E  C  J  Z  F  O  C  B  F  D  C  J
H  M  F  Â  C  E  E  U  I  F  Z  C  S  Q  T  Q
E  U  E  M  I  L  Ţ  M  E  O  C  A  H  Z  I  H
S  Ş  Q  E  T  A  T  I  S  N  E  T  N  I  C  Q
T  C  Z  D  S  I  R  O  T  A  S  N  A  D  Ă  Z
R  H  W  N  I  E  R  O  T  I  Z  O  P  M  O  C
Ă  I  J  Î  T  O  N  Q  N  A  F  B  Y  R  Z  B
T  N  G  L  R  C  T  Ţ  Z  G  M  G  B  W  A  Y
H  I  F  Q  A  X  O  R  E  P  E  T  I  Ţ  I  E
```

APLAUZE	GEST
ARTISTIC	ÎNDEMÂNARE
PUBLIC	INTENSITATE
BALERINĂ	LECŢII
DANSATORI	MUŞCHI
COMPOZITOR	MUZICĂ
COREGRAFIE	ORCHESTRĂ
REPETIŢIE	PRACTICĂ
STIL	RITM
EXPRESIV	TEHNICĂ

53 - Fuerza y Gravedad

```
H D M A G N I T U D I N E J Y Ţ
C I M A N I D P R E S I U N E V
D S L Y L N B C Z E F T G I C L
E T P L A N E T E T A T U E R G
S A P O E N U I S N A P X E A T
C N I R A W M L H D X M W E C Q
O Ţ M M O A D R L I Ă I V B Q T
P Ă U A P P F F A S J T I W I L
E Z O M G A R A S M O R B I T Ă
R D F S Y N C I R L O H G F L Z
I T O I F X E T E N W V S I T E
R C E N T R U T V T J V G Z U T
E R A C E R F J I U Ă I B I B I
M E C A N I C A N S Ţ Ţ M C B V
Y Q X A F L N C U R M P I Ă C C
O K U D M Y L J T I D T I P W R
```

CENTRU
DESCOPERIRE
DINAMIC
DISTANŢĂ
AXĂ
EXPANSIUNE
FIZICĂ
FRECARE
IMPACT
MAGNETISM

MAGNITUDINE
MECANICA
ORBITĂ
GREUTATE
PLANETE
PRESIUNE
PROPRIETĂŢI
TIMP
UNIVERSAL
VITEZĂ

54 - Aventura

```
D  S  E  N  E  O  B  I  Ș  N  U  I  T  K  M  C
I  U  I  N  E  Ă  G  N  N  C  U  R  A  J  Ț  Ă
F  R  R  O  T  R  G  E  E  O  Ț  F  N  T  X  L
I  P  U  P  A  U  N  T  I  X  U  U  R  N  H  Ă
C  R  C  O  T  T  Z  E  Q  E  C  F  S  D  Z  T
U  I  U  R  I  A  X  I  R  Ț  D  U  E  J  Ț  O
L  N  B  T  V  N  B  R  A  E  U  D  R  D  P  R
T  Z  E  U  I  G  T  P  R  S  R  E  A  S  G  I
A  Ă  T  N  T  U  N  Ț  E  U  M  S  G  O  I  I
T  T  Ț  I  C  D  E  Y  N  M  E  T  I  L  X  E
E  O  C  T  A  O  K  B  I  U  M  I  V  U  E  S
V  R  P  A  V  S  V  H  T  R  Y  N  A  C  A  Z
D  E  C  T  K  U  M  Z  I  F  T  A  N  I  N  Ț
D  T  H  E  C  M  K  O  Z  S  P  Ț  Z  R  X  M
S  I  G  U  R  A  N  Ț  Ă  C  F  I  V  E  H  M
Y  Q  B  S  A  E  R  I  T  Ă  G  E  R  P  Ț  I
```

ACTIVITATE
BUCURIE
PRIETENI
FRUMUSEȚE
DESTINAȚIE
DIFICULTATE
ENTUZIASM
EXCURSIE
NEOBIȘNUIT
ITINERAR

NATURĂ
NAVIGARE
NOU
OPORTUNITATE
PERICULOS
PREGĂTIREA
SIGURANȚĂ
SURPRINZĂTOR
CURAJ
CĂLĂTORII

55 - Pájaros

```
P R E G B Q V B K M G M W T X Z
O N A C U O T V G Ă C S Â G N S
R V P Ț J Ț D M K D U O Ț T O M
U U Z I Ă N E W I Ă C C Y M T L
M L M U N O V R A B I E M F J Q
B T Z P A G P V E E M T F B U W
E U X S C N U E I L A G A P A P
L R H Q I I D I S H Ț O U B E K
I P Y C L M Q S N C C Z C A S M
Y N J J E A Z F Y S Ă Ț U R T S
J T K M P L M B Q A N R B Z Â H
R F P G A F C I O A R Ă U Ă R O
K G E V E O F K S F H P U Ș C Z
I A C Ț T A K A E I Ș O I M K E
U Q F O J Q S Q H N B G N S E N
Z Q I X K K F G L R M A F Ț I C
```

STRUȚ	VRABIE
VULTUR	ȘOIM
BARZĂ	OU
LEBĂDĂ	PAPAGAL
CUC	PORUMBEL
CIOARĂ	RAȚĂ
FLAMINGO	PELICAN
GÂSCĂ	PINGUIN
STÂRC	PUI
PESCĂRUȘ	TOUCAN

56 - Geografía

```
M L J G M U Y K B V R O R U V T
A Y U T Y X U P Y M C Y T R S E
R S M M X E M I S F E R Ă P X R
E W L V E S H J U K S X L J P I
J I V E Ţ U C A Â G K O U H E T
W E Y N D J I T R A G R S R U O
M E R I D I A N I T H U N H A R
G N J D U Q P E B S Ă Z I J F I
Q I F U S M R N Q E M U N T E U
U D I T A N E I V V N O R D D O
A U U I L G G T A A H D R I Ţ I
W T G G T D I N L C W G Ţ Ş B J
J I M N A B U O I S Ţ Ţ T A Q P
C T M O F M N C U R B N J R R I
H A P L L F E O W N H G G O V Ă
Q L A L T I T U D I N E J K C X
```

ALTITUDINE	MERIDIAN
ATLAS	MUNTE
ORAȘ	LUME
CONTINENT	NORD
EMISFERĂ	VEST
INSULĂ	ȚARĂ
LATITUDINE	REGIUNE
LONGITUDINE	RÂU
HARTĂ	SUD
MARE	TERITORIU

57 - Música

```
R  A  R  M  O  N  I  C  Q  E  T  E  X  D  A  O
I  Z  O  I  F  M  P  P  L  K  Ă  E  P  Ţ  B  P
T  I  C  N  P  R  Q  S  H  H  D  I  M  C  O  E
M  V  I  S  F  K  Î  Z  N  P  A  D  V  P  N  R
P  O  T  T  D  L  N  M  A  B  L  O  O  I  O  Ă
H  R  E  R  Y  C  R  C  I  S  A  L  C  U  R  J
Q  P  O  U  D  Â  E  W  C  C  B  E  G  J  B  B
D  M  P  M  H  N  G  O  I  Z  R  M  H  H  H  Z
L  I  Ţ  E  L  T  I  J  Z  Ţ  Z  O  Z  J  K  W
A  Y  W  N  P  Ă  S  Z  U  X  Ţ  D  F  W  E  O
C  W  Ţ  T  N  R  T  T  M  M  V  M  C  O  I  Y
I  Â  G  X  O  E  R  V  O  C  A  L  F  Y  N  Ţ
Z  Y  N  P  V  Ţ  A  N  J  F  H  R  O  W  O  S
U  J  G  T  Q  Z  R  Q  I  Z  E  H  Q  R  M  X
M  R  G  L  A  B  E  A  L  B  U  M  K  V  R  I
U  V  V  R  Ţ  D  Z  V  U  K  E  D  X  I  A  Z
```

ARMONIE	INSTRUMENT
ARMONIC	MELODIE
ALBUM	MICROFON
BALADĂ	MUZICAL
CÂNTĂREŢ	MUZICIAN
CÂNTA	OPERĂ
CLASIC	POETIC
COR	RITM
ÎNREGISTRARE	TEMPO
IMPROVIZA	VOCAL

58 - Enfermedad

```
A  X  F  N  B  A  L  S  H  N  G  J  F  B  E  Z
H  L  U  O  O  U  I  M  U  N  I  T  A  T  E  K
I  B  E  G  Ţ  B  N  Q  C  B  M  Q  G  L  I  L
V  C  T  R  E  I  T  A  P  O  R  U  E  N  Q  C
M  U  X  D  G  U  A  I  S  G  E  N  E  T  I  C
A  G  M  U  P  I  V  R  O  T  F  X  N  O  R  T
P  B  Z  I  U  H  I  I  I  L  A  I  N  I  M  Ă
U  F  D  O  G  W  K  T  G  M  O  R  D  N  I  S
L  J  A  O  A  B  F  A  A  D  J  A  E  T  G  D
M  G  E  K  M  Ţ  N  R  T  F  B  B  R  E  C  P
O  O  N  O  M  I  C  E  N  G  W  M  S  R  M  L
N  C  O  R  P  X  N  E  O  I  U  O  T  A  H  E
A  R  O  A  S  E  B  A  C  S  E  L  M  P  Q  I
R  C  R  O  N  I  C  C  L  K  Y  M  I  I  T  W
R  E  S  P  I  R  A  T  O  R  I  I  P  E  J  C
S  Ă  N  Ă  T  A  T  E  E  R  E  D  I  T  A  R
```

ABDOMINAL	OASE
ALERGII	IRITARE
BUNASTARE	IMUNITATE
CONTAGIOS	LOMBAR
INIMĂ	NEUROPATIE
CRONIC	PULMONAR
CORP	RESPIRATORII
SLAB	SĂNĂTATE
GENETIC	SINDROM
EREDITAR	TERAPIE

59 - Actividades

```
Q  J  Z  E  I  F  A  R  G  O  T  O  F  G  Ţ  O
S  O  E  S  N  L  P  Ţ  D  Z  I  R  U  C  O  J
I  R  U  G  U  Ş  E  T  Ş  E  M  C  N  X  I  A
I  L  H  R  T  I  U  C  S  E  P  T  X  S  V  J
A  C  T  I  V  I  T  A  T  E  L  Z  Z  U  P  Q
S  Z  Y  T  Ţ  A  T  L  Q  R  I  N  Q  E  B  C
C  E  V  X  X  S  E  G  L  A  B  G  C  H  N  E
U  A  H  K  Q  W  X  H  W  N  E  U  A  B  O  R
S  E  R  A  X  A  L  E  R  Â  R  H  Ţ  M  U  A
U  X  L  T  Z  I  I  Ţ  E  M  U  R  D  W  F  M
T  Y  H  T  Ă  Q  W  E  S  E  R  E  T  N  I  I
O  E  L  E  C  T  U  R  Ă  D  G  A  W  Q  E  C
G  D  K  J  P  T  I  R  Ă  N  I  D  Ă  R  G  Ă
P  I  C  T  U  R  A  Q  C  Î  T  Y  I  G  S  J
P  L  Ă  C  E  R  E  V  Â  N  Ă  T  O  A  R  E
T  U  P  N  W  K  S  R  K  M  A  M  Ţ  K  G  X
```

ACTIVITATE	JOCURI
ARTĂ	LECTURĂ
MEŞTEŞUGURI	MAGIE
VÂNĂTOARE	TIMP LIBER
CERAMICĂ	PESCUIT
CUSUT	PICTURA
FOTOGRAFIE	PLĂCERE
ÎNDEMÂNARE	RELAXARE
INTERESE	PUZZLE
GRĂDINĂRIT	DRUMEŢII

60 - Verduras

```
Ț  I  N  K  H  B  Ă  U  E  K  H  O  G  W  A  C
U  E  I  V  F  Ț  C  E  R  A  N  I  H  G  N  A
S  H  L  P  Ă  T  R  U  N  J  E  L  I  W  N  J
T  C  O  I  S  X  E  M  D  S  Ț  R  M  D  H  W
U  I  C  A  N  A  P  S  C  O  U  J  B  F  M  E
R  D  C  Ț  C  Ă  U  Ț  E  I  V  J  I  O  T  V
O  I  O  A  Ă  N  I  L  S  Ă  M  L  R  T  U  Y
I  R  R  O  G  W  C  J  U  Ț  U  K  E  R  W  N
Z  Ț  B  Y  C  U  V  L  M  Ț  G  C  P  A  N  X
R  O  Ș  I  E  R  Ă  Z  A  M  S  Y  V  C  C  T
V  Â  N  Ă  T  Ă  H  B  Y  X  D  A  N  Z  H  B
P  A  S  M  J  V  C  E  A  P  Ă  A  L  B  P  Ț
C  A  S  T  R  A  V  E  T  E  V  E  C  A  V  F
R  D  Q  V  T  H  Y  M  O  R  C  O  V  J  T  H
U  B  M  O  I  J  W  W  C  V  X  U  F  G  F  Ă
F  G  R  D  Q  A  K  Z  D  V  R  W  R  O  Z  Ț
```

USTUROI	GHIMBIR
ANGHINARE	NAP
ȚELINĂ	MĂSLINĂ
VÂNĂTĂ	CARTOF
BROCCOLI	CASTRAVETE
DOVLEAC	PĂTRUNJEL
CEAPĂ	RIDICHE
SALATĂ	CIUPERCĂ
SPANAC	ROȘIE
MAZĂRE	MORCOV

61 - Instrumentos Musicales

```
Z  T  E  N  I  R  A  L  C  T  J  B  E  W  F  Z
C  R  I  H  T  G  D  E  G  J  R  J  A  Q  L  H
H  O  Ţ  W  A  R  A  C  G  A  T  O  V  A  A  Q
I  M  U  A  M  X  Ţ  N  Ţ  W  M  H  M  Q  U  H
T  P  C  X  B  B  Z  O  Y  I  F  Z  M  B  T  T
A  E  R  X  U  D  Q  L  O  Y  J  F  Q  L  O  L
R  T  E  I  R  I  C  O  B  G  O  N  G  Ţ  O  N
Ă  Ă  P  S  I  F  E  I  O  E  Y  J  Q  R  M  O
O  P  X  P  N  N  C  V  I  V  M  G  N  L  H  W
R  R  O  W  Ă  V  M  V  Q  G  L  F  Y  A  Z  Ţ
C  A  M  P  I  Q  Ă  D  Ţ  N  Z  J  K  R  B  T
F  H  P  I  M  A  R  I  M  B  A  T  O  B  Ă  R
Ţ  A  D  A  R  H  A  M  A  N  D  O  L  I  N  Ă
S  P  G  N  O  F  O  X  A  S  Ţ  V  Q  Z  A  W
F  W  A  O  L  Ţ  I  X  A  R  M  Y  C  P  Ţ  X
D  P  Ţ  F  T  L  V  M  U  Z  I  C  U  Ţ  Ă  T
```

MUZICUŢĂ
HARPĂ
BANJO
CLARINET
FAGOT
FLAUT
GONG
CHITARĂ
MANDOLINĂ
MARIMBA

OBOI
TAMBURINĂ
PERCUŢIE
PIAN
SAXOFON
TOBĂ
TROMBON
TROMPETĂ
VIOARĂ
VIOLONCEL

62 - Formas

```
T R I U N G H I G U Q H O B U B
O Ţ V S F D O Y X G W K Ţ V T N
W S L I Q Z M U R A N Z L W A Ţ
F J U X E J W D D U Y J B P R L
E U W N C U R B Ă Ţ O V G I T O
Q G B F F R R L I N I A V R Ă C
S V E Q Ţ D O V N C U B P A P M
K M Z N G N J A I R V N A M U T
C W R Z U I I D G E B Z R I V X
C S V Y Q L N M R C Ţ B T D T C
E T Ă C V I P H A Y K V E Ă N M
L G S V I C D X M Y U Q U C I V
H I P E R B O L Ă M S I R P E I
J L I F Q C S F E R Ă D A H A W
H N L B P N O G I L O P Ţ R B H
Y A E U I H G N U T P E R D C H
```

ARC	COLŢ
MARGINI	HIPERBOLĂ
CILINDRU	PARTE
CERC	LINIA
CON	OVAL
PĂTRAT	PIRAMIDĂ
CUB	POLIGON
CURBĂ	PRISMĂ
ELIPSĂ	DREPTUNGHI
SFERĂ	TRIUNGHI

63 - Astronomía

```
G  Z  J  C  C  G  V  C  L  A  M  K  P  R  Z  G
P  Ă  M  Â  N  T  U  A  S  T  E  R  O  I  D  A
C  T  S  A  U  I  Ț  C  O  N  I  H  C  E  F  L
O  E  A  P  S  O  T  K  Y  I  Ț  L  S  D  J  A
N  N  S  Ă  I  T  X  Y  V  L  A  P  E  W  B  X
S  A  T  V  P  L  R  E  C  N  I  O  L  T  C  I
T  L  R  O  J  Q  C  O  A  G  D  U  E  R  A  E
E  P  O  N  U  T  Q  E  N  B  A  G  T  A  N  S
L  Q  N  R  W  V  R  X  C  A  R  L  J  C  U  N
A  R  O  E  T  E  M  V  M  K  U  V  H  H  L  E
Ț  Ț  M  P  Z  C  Ț  C  Q  Z  Q  T  G  E  N  V
I  D  B  U  E  O  B  D  X  V  H  E  Y  T  Ț  A
E  M  J  S  Q  S  R  E  V  I  N  U  A  Ă  Z  W
R  H  B  X  M  M  O  B  S  E  R  V  A  T  O  R
V  O  Z  M  K  O  F  L  A  B  Y  E  P  R  R  K
Y  U  C  T  W  S  Q  G  Ț  S  N  I  Q  A  Q  Q
```

ASTEROID	LUNA
ASTRONAUT	METEOR
ASTRONOM	OBSERVATOR
CER	PLANETĂ
RACHETĂ	RADIAȚIE
CONSTELAȚIE	SATELIT
COSMOS	SUPERNOVĂ
ECLIPSĂ	TELESCOP
ECHINOCȚIU	PĂMÂNT
GALAXIE	UNIVERS

64 - Tiempo

```
A C U M Z Ţ Ţ H A T G A N Z Y S
P E T N I A N Î W I L Z O L F Ă
U Q I U R L Y O O A M I A J Ţ P
D I M I N E A Ţ Ă R U Y P H C T
S S U S A I K K I W Ă L T C E Ă
A M I A Z Ă M Ţ Ţ H N W E N A M
R K N T R Z C E A S U Ă P K N Â
H J E X H Ţ L M I B L J P K U N
H X C S L F F J U G I E R I A Ă
C E E Z W H A Q I W G U C H L L
F Q D I I P R G Q J G Q A E O C
H H E R Y P K Y L Y X W Y B C T
V N T Ţ V I I T O R W I H B E O
O P C W I B C A L E N D A R S G
C H H I G H W L H Ţ H T I G I U
Z M H M P C A C W I L Y O E K Z
```

ACUM
ÎNAINTE
ANUAL
AN
IERI
CALENDAR
DECENIU
ZI
VIITOR
ORĂ

AZI
DIMINEAŢĂ
AMIAZĂ
LUNĂ
MINUT
CLIPĂ
NOAPTE
CEAS
SĂPTĂMÂNĂ
SECOL

65 - Paisajes

```
D B X E F K H O J Y A J U F G X
C Q Ț Z F N D S K M C R N F M M
G D B D P L A J Ă X Q N Y H V L
T Y T J E E S T U A R P R N B A
F K R U W Ș C Ț H I E M E Â N Ș
I N S U L Ă E P E Ș T E R Ă U T
D Ț U P Ț L G R E B S I A D O I
F C X Q R U D A T E I F M A L N
Ț M K M O S O Ț N O R D K C P Ă
P P V O Ț N B E U A L A C S X N
C S G A N I F H M Z J M Q A O U
M Ț Z J L N K G E Ă Y G M C Q G
K P W Z Ț E T U N D R Ă D W G A
L P U S K P N G H E I Z E R B L
V U L C A N U Z H R Q N A W B G
F B K A T U K N K Z D C H D Y F
```

CASCADĂ	MARE
PEȘTERĂ	MUNTE
DEȘERT	OAZĂ
ESTUAR	MLAȘTINĂ
GHEIZER	PENINSULĂ
GHEȚAR	PLAJĂ
AISBERG	RÂU
INSULĂ	TUNDRĂ
LAC	VALE
LAGUNĂ	VULCAN

66 - Días y Meses

```
D  T  Z  B  F  M  S  I  M  E  I  L  U  I  H  W
U  S  D  K  E  G  Ă  A  I  I  I  M  J  N  B  K
M  M  R  E  B  A  P  N  E  R  K  L  O  U  R  L
I  D  K  I  R  J  T  U  R  B  C  Q  I  L  P  Q
N  T  Ă  N  U  L  Ă  A  C  M  R  F  F  R  F  G
I  J  T  U  A  V  M  R  U  O  A  V  L  I  P  I
C  M  Ţ  I  R  O  Â  I  R  T  C  I  A  N  M  A
Ă  R  D  D  I  E  N  E  I  C  Ţ  N  V  L  K  S
C  J  B  Z  E  Ţ  Ă  Q  A  O  Ţ  E  Ţ  I  H  Â
N  O  I  E  M  B  R  I  E  U  M  R  F  Ţ  T  M
H  C  R  R  H  P  G  A  L  N  G  I  S  A  B  B
C  A  L  E  N  D  A  R  M  A  J  U  B  A  K  Ă
D  Y  S  E  I  R  B  M  E  T  P  E  S  N  X  T
B  C  L  G  K  V  P  G  X  X  Y  G  U  T  V  Ă
O  R  T  Y  C  K  M  P  Z  C  B  C  Q  N  E  E
G  R  V  T  U  X  U  A  S  L  A  W  Ţ  J  F  B
```

APRILIE	LUNI
AUGUST	MARŢI
AN	LUNĂ
CALENDAR	MIERCURI
DUMINICĂ	NOIEMBRIE
IANUARIE	OCTOMBRIE
FEBRUARIE	SÂMBĂTĂ
JOI	SĂPTĂMÂNĂ
IULIE	SEPTEMBRIE
IUNIE	VINERI

67 - Biología

```
A  U  J  Z  F  R  H  C  Z  Q  I  J  V  H  B  A
F  I  S  M  I  A  E  R  E  F  I  M  A  M  A  N
P  O  Ă  N  I  E  T  O  R  P  O  K  L  R  C  A
Z  G  T  M  Ţ  I  U  M  E  P  G  B  V  U  T  T
C  E  I  O  F  V  T  O  P  T  B  Ţ  Q  G  E  O
G  L  W  E  S  W  V  Z  T  G  R  K  I  Y  R  M
I  W  N  I  K  I  N  O  I  R  B  M  E  O  I  I
S  J  H  Y  V  Ă  N  M  L  J  L  F  U  A  I  E
C  I  W  O  N  Z  A  T  Ă  M  I  Z  N  E  V  S
E  F  M  M  R  O  Z  U  E  I  Ţ  U  L  O  V  E
L  I  R  B  A  M  L  K  Q  Z  U  I  A  M  P  I
U  R  N  P  I  S  O  M  C  V  Ă  R  C  E  S  Ţ
L  E  E  I  A  O  X  N  E  G  A  L  O  C  Y  A
Ă  S  R  Z  K  J  Z  N  E  U  R  O  N  E  A  T
Y  C  V  N  M  R  K  Ă  S  I  N  A  P  S  Ă  U
T  Z  O  P  J  W  B  T  Z  V  P  N  U  E  Q  M
```

ANATOMIE
BACTERII
CELULĂ
COLAGEN
CROMOZOM
EMBRION
ENZIMĂ
EVOLUŢIE
FOTOSINTEZĂ
HORMON

MAMIFER
MUTAŢIE
FIRESC
NERV
NEURON
OSMOZĂ
PROTEINĂ
REPTILĂ
SIMBIOZĂ
SINAPSĂ

68 - Barbacoas

```
Ţ  L  Y  L  E  G  Q  P  B  I  G  S  W  D  S  O
E  Ţ  L  P  P  R  Â  N  Z  A  O  Q  L  F  A  A
J  H  A  Ţ  M  O  O  X  T  E  F  D  U  C  L  A
D  V  X  K  J  S  W  Ţ  A  I  A  I  O  N  A  U
Q  A  I  O  B  J  K  U  U  O  H  Z  Ţ  M  T  Ţ
P  X  U  J  M  J  R  E  E  T  I  Ţ  U  C  E  Z
U  I  S  O  K  A  Z  M  T  U  W  U  B  P  M  F
I  I  P  O  C  F  N  Ţ  N  C  R  S  O  X  U  N
C  R  G  X  H  R  E  P  I  P  E  T  B  I  G  R
I  A  U  Ă  O  U  R  L  B  E  N  A  X  A  E  X
N  T  P  C  W  C  A  T  R  I  T  B  P  K  L  F
A  Ă  E  I  O  T  S  I  E  L  H  N  E  Ă  W  E
U  R  O  Z  I  J  O  X  I  I  S  O  R  R  W  L
Ţ  G  R  U  R  Z  S  D  F  M  P  Ţ  G  A  B  Y
F  B  B  M  S  R  N  F  O  A  M  E  X  V  P  Y
B  T  I  E  W  D  K  B  K  F  Q  A  D  J  X  R
```

PRÂNZ	MUZICĂ
FIERBINTE	COPII
CEAPĂ	GRĂTAR
CINA	PIPER
CUŢITE	PUI
SALATE	SARE
FAMILIE	SOS
FRUCT	ROSII
FOAME	VARĂ
JOCURI	LEGUME

69 - Ropa

```
Ş  F  M  R  M  F  Z  E  Y  O  P  H  P  J  K  Q
O  J  X  K  B  U  Q  U  Y  W  Ă  R  I  W  G  F
R  S  R  Ţ  L  S  R  G  R  Z  L  V  K  J  U  F
Ţ  P  E  N  U  T  U  R  R  C  Ă  E  P  U  E  N
W  R  U  Q  Z  A  Z  S  E  Ţ  R  A  A  O  M  C
O  E  H  L  Ă  F  R  A  Ş  E  I  Q  N  V  U  Ţ
Y  X  C  W  O  N  M  X  T  L  E  S  T  U  O  A
M  C  H  K  S  V  A  M  E  A  U  A  A  P  D  U
B  O  K  S  P  Ţ  E  Ă  Ă  D  W  C  L  I  E  B
L  I  D  L  D  E  R  R  Ş  N  B  O  O  J  N  L
U  M  A  Ă  R  T  U  A  A  A  U  U  N  A  Z  Q
R  H  P  W  E  S  C  Ţ  M  S  U  Ş  I  M  I  T
R  O  C  H  I  E  W  Ă  Ă  R  A  N  I  A  H  D
Z  H  W  N  L  D  V  R  C  P  A  N  T  O  F  W
T  L  V  W  O  H  I  B  H  U  S  P  C  W  U  G
Z  F  S  Z  C  B  I  J  U  T  E  R  I  I  A  K
```

HAINA	BIJUTERII
BLUZĂ	MODĂ
EŞARFĂ	PANTALONI
CĂMAŞĂ	PIJAMA
SACOU	BRĂŢARĂ
CUREA	SANDALE
COLIER	PĂLĂRIE
ŞORŢ	PULOVER
FUSTA	ROCHIE
MĂNUŞI	PANTOF

70 - Meditación

```
A U A C B H E Z N Q Ț F I K N M
T W R E U H N P N Q E R G D M I
E Z L G N P O S T U R Ă O L K Ș
N R M T Ă K J L Y Ț E R Z I W C
Ț M B L T O S B L T C U K I V A
I U N G A Ț M C Ț A Ă T R C F R
E Z L Â T C L A R I T A T E C E
T I O N E D I Q R M H N X Y O R
N C R D A C C E P T A R E D M A
I Ă E U H R A Q L I N N Y M P V
M Y M R R E S P I R A Ț I E A R
Y V O I Y D V M X B N E J D S E
K Ă Ț N I T Ș O N U C E R M I S
N M I P E R S P E C T I V Ă U B
A C I M N Z K M S F R Q K B N O
Q O C M Ț H R B B X I D I U E L
```

ACCEPTARE	MIȘCARE
ATENȚIE	MUZICĂ
BUNĂTATE	NATURĂ
CALM	OBSERVARE
CLARITATE	PACE
COMPASIUNE	GÂNDURI
EMOȚII	PERSPECTIVĂ
RECUNOȘTINȚĂ	POSTURĂ
MENTAL	RESPIRAȚIE
MINTE	TĂCERE

71 - Libros

```
R E L E V A N T C I U Q T P D P
I R T D E Y J T I G J B O O U L
Q N A U T O R R T L D X M E A I
R D V Q Ț Ț U A I M I J V M L N
L U P E O N N G T J A S C J I D
E A A I N J F I O N A M O R T E
I C G Z X T L C R Q A U E F A U
Ț B I E L G I G Q J V R O T T M
C F N O I Q K V A E T X A M E O
E S Ă P A V E N T U R Ă G T A R
L I T E R A R Q I U E M Y X O H
O R K T I I S T O R I C P E D R
C C H Q Ț R J A T E G X G T U R
G S R C L F E T S E V O P N Y B
Y Z T V Z S V S I I T Z P O S H
E G A C D E A O Ț O F S Z C T H
```

AUTOR	CITITOR
AVENTURĂ	LITERAR
COLECȚIE	NARATOR
CONTEXT	ROMAN
DUALITATE	PAGINĂ
SCRIS	RELEVANT
POVESTE	POEM
ISTORIC	POEZIE
PLIN DE UMOR	SERIE
INVENTIV	TRAGIC

72 - Los Medios de Comunicación

```
R E V I S T E A E D I Ț I E O C
Ț C I N T E L E C T U A L U P O
B I O T E L E V I Z I U N E I M
U L D M M Y E D U C A Ț I E N U
R B C Y E A Y D I G I T A L I N
A U W W F R F R Z T G Ț T I E I
M P R J P O C M C G D Y M N F C
O N L I N E T I L M B C N D I A
Q A A N Z D M O A S T C C U N R
G Ț C I Z L C O G L Y U V S A E
H E O D P Ț E W P R X A L T N W
H M L U R X G Q R R A U F R Ț R
G K L T L A I N E S K F R I A E
N Z R I M R D V S T Y Ț I E R Ț
C T H T Z F M I Ă Ț T P Y I E E
O J H A M L K D O F A P T E A A
```

ATITUDINI   INDUSTRIE
COMERCIAL   INTELECTUAL
COMUNICARE   LOCAL
DIGITAL   OPINIE
EDIȚIE   PRESĂ
EDUCAȚIE   PUBLIC
ONLINE   RADIO
FINANȚAREA   REȚEA
FOTOGRAFII   REVISTE
FAPTE   TELEVIZIUNE

73 - Nutrición

```
G P N Q M Ă Y X D L L W Ţ V A M
F L Q L M T A R B I L I H C E T
E N U C I E D F W B G U N W Ţ U
R U K C G I W E Z I Ţ E M W E E
M T W C I D S V I T R J S C U T
E R Ţ E K D K L M S B R F T Y A
N I W G U A E N I E T O R P I Y
T E P A F P L D V M A W A R C E
A N T A L E A P J O L K M M J T
Ţ T H J Z T E U T C O D A E Y A
I A S O S I R S Ă N Ă T A T E T
E P R G V T E Ă N I M A T I V I
I I R O L A C A I F C G Ţ G Y L
L P C K M H Ţ H X O L R Y C Q A
X U J K I Ă Y S O T Ă N Ă S K C
G R E U T A T E T T W Q V F C Ţ
```

AMAR
APETIT
CALITATE
CALORII
GLUCIDE
CEREALE
COMESTIBIL
DIETĂ
DIGESTIE
ECHILIBRAT

FERMENTAŢIE
NUTRIENT
GREUTATE
PROTEINE
AROMĂ
SOS
SĂNĂTATE
SĂNĂTOS
TOXINĂ
VITAMINĂ

74 - Edificios

```
I  L  W  W  Z  T  A  Ă  N  V  K  B  N  O  F  T
A  F  K  G  F  E  P  M  Z  H  A  M  B  A  R  S
B  J  V  B  X  A  A  R  E  H  Z  A  U  Ţ  E  K
I  V  O  V  J  T  R  E  K  N  T  A  D  Y  R  K
C  H  W  T  Z  R  T  F  G  O  I  G  R  F  H  S
G  I  Z  L  C  U  A  D  A  I  G  C  O  E  K  U
Ă  D  A  S  A  B  M  A  R  D  H  O  T  E  L  P
L  L  V  S  S  H  E  I  A  A  F  J  A  F  K  E
A  U  S  G  T  U  N  N  J  T  L  F  R  A  C  R
O  Y  I  M  E  L  T  W  U  S  Y  L  O  B  P  M
C  T  V  R  L  J  W  D  E  I  Q  Z  B  R  E  A
Ş  T  U  R  N  F  V  U  Z  P  S  G  A  I  L  R
H  G  S  P  I  T  A  L  U  P  C  N  L  C  B  K
M  W  M  E  B  T  Ţ  D  M  E  Z  M  E  Ă  T  E
O  B  S  E  R  V  A  T  O  R  A  K  R  P  L  T
X  U  N  I  V  E  R  S  I  T  A  T  E  I  J  D
```

PENSIUNE	FERMĂ
APARTAMENT	SPITAL
CASTEL	HOTEL
CINEMA	LABORATOR
AMBASADĂ	MUZEU
ŞCOALĂ	OBSERVATOR
STADION	SUPERMARKET
FABRICĂ	TEATRU
GARAJ	TURN
HAMBAR	UNIVERSITATE

75 - Océano

```
Ă P E V U A A Z R B D A G S E Z
N J A B B V N A O E I M B A S E
U N O T D L G Q Z E C O Ă R Ţ F
T R B P S P H V Ţ R A H Ţ E T K
R E C I F I I Ţ Z A K Ţ I T K N
U I B R Y A L L F M Q I T N D B
F D E U Y M Ă T O N C L A I B Ţ
C I Ţ L B E N W G B Z R C F P E
J R O A T D E T E R U B A L D Ţ
V T E V O U L J C R Q C R E B H
W S C V G Z A A R Y J B A D B E
C P R S E E B A L A R O C Y A P
Ţ X A M L T M J Y G T T Ţ F R L
D B B N A Ş Ă E Z H E E Ţ A C A
P K Ţ L A E S P L U A K Z X Ă H
H F S Y F P Ţ S Z M C A Ţ C C H
```

ALGE	BURETE
ANGHILĂ	MAREE
RECIF	MEDUZE
TON	VALURI
BALENĂ	STRIDIE
BARCĂ	PEŞTE
CREVETĂ	CARACATIŢĂ
CRAB	SARE
CORAL	RECHIN
DELFIN	FURTUNĂ

76 - Ciudad

```
V Ţ A U C O H Q X U N P B F R F
S B I B L I O T E C Ă I R A E L
I U E Z U M A S A K H A U R S O
B R P O Q T S Z K C M Ţ T M T R
N T D E M A G A Z I N Ă Ă A A A
Y A Q I R B A N C Ă C L R C U R
O E K R K M C D H C O A I I R O
A T P Ă D P A L Y I B O E E A M
U R V R V F M R I U F C Z F N I
S T R B H P E G K N I Ş H G T Z
T E I I C E N Y M E I R E L A G
A C O L F L I E K H T C R A K C
D H O T E L C F H G V M A E X B
I W E H A E R O P O R T X K G S
O U N I V E R S I T A T E D R U
N T G V N K B Ţ W T S E N W H G
```

AEROPORT	HOTEL
BANCĂ	LIBRĂRIE
BIBLIOTECĂ	PIAŢĂ
CINEMA	MUZEU
CLINICA	BRUTĂRIE
ŞCOALĂ	RESTAURANT
STADION	SUPERMARKET
FARMACIE	TEATRU
FLORAR	MAGAZIN
GALERIE	UNIVERSITATE

77 - Agronomía

```
R U R A L S X R Z V S Ș O Ț S F
U X Ă L I B A R U D I T J T Ț S
F P R K L D C T I U S I Q N X I
U N U V O F E X D I T I E K J X
C K T X B X I N U W E N Z Ț F V
B A L H Q E G Q T J M Ț F R E N
F O U Q O R R P S I E Ă D B N L
Z R C M F E E A R Y F Q N J U B
E G I O T T N U P O H I J I I T
R A R R J Ş E M V Ă D T C T Z B
A N G G S E M I N Ț E U M A O I
U I A T Z R K M L E L M C V R C
L C Z A C C L E G U M E X Ț E E
O Î N G R Ă Ş Ă M Â N T Y I I R
P L A N T E I G O L O C E M Y E
S X V P M P R G N J S C K D Z Ț
```

AGRICULTURĂ
APĂ
ȘTIINȚĂ
POLUARE
CREŞTERE
ECOLOGIE
ENERGIE
BOLI
EROZIUNE
STUDIU

ÎNGRĂŞĂMÂNT
IDENTIFICARE
ORGANIC
PLANTE
PRODUCȚIE
RURAL
SEMINȚE
SISTEME
DURABILĂ
LEGUME

78 - Actividades y Ocio

```
C T E H C S A B G R T V P S C K
T A V I P U G O L F E M E U K K
L Y M U Y F M P I Z N X S R J R
L X B P T P X P R E I O C F Y P
A R K M I M S G Ă I S L U I U I
B A R T Ă N Y R D R S A I N N C
E O Ţ N R T G Ă N O Ă B T G I T
S Q X A L S A D U T H T O N Î U
A M H X B A B I F Ă N O U B T R
B R L A X C H N U L I F S R N A
X R A L F R U Ă C Ă L G G U I G
F U U E I V T R S C D J H V E R
M Q O R U A E I X P T P O H L V
M S N U H E N T C U R S E B O M
W W F Q D L W N O Z V R V C V T
D R U M E Ţ I I W R R O T N C I
```

ARTĂ   GRĂDINĂRIT
BASCHET   ÎNOT
BASEBALL   PESCUIT
BOX   PICTURA
SCUFUNDĂRI   RELAXANT
CAMPING   DRUMEŢII
CURSE   SURFING
CUMPĂRĂTURI   TENIS
FOTBAL   CĂLĂTORIE
GOLF   VOLEI

79 - Ingeniería

```
L M O T O R I N Ă Ţ Y E V E C D
U I I H G R Â P F A Q E Z N O I
C Q C K K H J B Q W Ţ X P E N A
L E Ţ H R L O L R L T Q A R S G
A E D E I S L U P O R P Z G T R
C X M W X D L F E I R Ă T I R A
A A U I Z A O R I S P M F E U M
M D U F C N F E Ţ Ă I A D S C Ă
Ă L Â L T B U C U N G H I Ţ G
S T H N K F R A B I D C H R I U
U Q E M C Z T R I Ș A Ţ T U E V
R G A C G I E E R A V X K C F M
A W R O T O M K T M X L Ă T X H
R G V S R C A E S A Q T Ţ U C E
E U E T A T I L I B A T S R M D
D H O Y C Y D T D O O X S A D U
```

UNGHI	STRUCTURA
CALCUL	FRECARE
CONSTRUCȚIE	TĂRIE
DIAGRAMĂ	LICHID
DIAMETRU	MAȘINĂ
MOTORINĂ	MĂSURARE
DISTRIBUȚIE	MOTOR
AXĂ	PÂRGHII
ENERGIE	ADÂNCIME
STABILITATE	PROPULSIE

80 - Comida #1

```
S  T  N  T  C  O  I  U  S  U  B  J  J  P  N  X
G  C  I  B  H  A  P  S  Y  L  I  A  R  I  Ţ  Y
R  W  E  O  G  X  R  Ă  H  A  Z  R  R  Ă  Z  V
S  U  P  Ă  R  A  P  N  X  K  T  I  Ţ  R  G  T
S  U  C  T  O  U  I  I  E  T  P  A  L  A  V  Q
Z  E  A  N  D  S  T  M  O  R  C  O  V  O  R  Z
X  Z  X  E  U  C  Q  S  R  B  P  K  I  Ș  G  V
J  K  G  M  B  Ă  Ţ  S  U  K  Ţ  V  R  I  W  M
A  D  P  A  F  P  K  P  F  X  E  K  P  Ţ  L  B
F  W  X  H  S  Ș  U  A  Ţ  Q  E  X  R  R  Ă  L
C  E  A  P  Ă  U  E  N  Y  P  Y  N  I  O  M  N
T  R  H  D  T  N  Z  A  Q  F  G  W  G  C  Â  M
R  A  I  P  A  Ă  M  C  P  B  F  I  T  S  I  G
Z  S  S  A  L  C  P  C  B  N  Y  Ţ  L  Y  E  D
C  O  V  Ţ  A  M  M  H  I  I  A  T  O  N  D  S
Z  Y  L  I  S  G  K  V  L  F  E  P  H  O  O  X
```

USTUROI	CĂPȘUNĂ
BUSUIOC	SUC
TON	LAPTE
ZAHĂR	LĂMÂIE
SCORȚIȘOARĂ	MENTĂ
CARNE	NAP
ORZ	PARĂ
CEAPĂ	SARE
SALATĂ	SUPĂ
SPANAC	MORCOV

81 - Antigüedades

```
F F B D I V Ț N Y X Ț R S A L O
M L Z E N E J E D E N O M J P M
O I S C V C P O R E R A O L A V
B C I E E H Y B S P L N S I A C
I I G N S I N I W R O E H T M G
L T A I T Ă E Ș Y T C L G S N E
I A L I I T R N C Y E Z M A R T
E Ț E I Ț R A U I G S Q D G N A
R I R R I A R I T Z D Z Ț W Ț T
P E I E I B U T N P T X I H R I
V L E T H D A Ț E A L F X P Z L
B Q M U U J T P T Ț X U K C W A
H J N J D A S S U J L M C C W C
Y K B I T D E Q A D Q H O S D Z
T K X B U X R D E C O R A T I V
R M A E Z U G C D W Ț S I I A F
```

ARTĂ
AUTENTIC
CALITATE
DECORATIV
DECENII
ELEGANT
SCULPTURĂ
STIL
GALERIE
NEOBIȘNUIT

INVESTIȚII
BIJUTERII
MONEDE
MOBILIER
PREȚ
RESTAURARE
SECOL
LICITAȚIE
VALOARE
VECHI

82 - Literatura

```
R  A  C  I  C  O  N  C  L  U  Z  I  E  Z  T  C
Z  H  L  R  O  T  A  R  A  N  A  M  O  R  O  N
K  Ţ  D  I  R  O  T  U  A  D  S  D  G  P  S  P
A  D  M  T  T  I  D  I  A  L  O  G  Z  F  E  O
I  I  P  M  D  S  M  Y  I  Ţ  L  R  M  B  V  K
A  N  A  L  I  Z  Ă  Ă  U  M  I  Y  G  H  J  C
D  B  K  W  D  I  O  N  B  E  R  J  H  U  C  K
E  I  D  E  G  A  R  T  Ă  T  O  D  C  E  N  A
S  O  S  L  B  N  Y  T  Z  A  O  Y  T  M  A  Z
C  G  E  N  U  I  Ţ  C  I  F  T  O  Y  K  N  B
R  R  K  K  I  V  B  I  V  O  F  V  Ţ  J  A  S
I  A  D  T  L  Y  L  T  P  R  T  U  Y  D  L  J
E  F  S  Z  Y  D  T  E  Ţ  Ă  E  M  R  S  O  Z
R  I  H  S  Ţ  Ţ  J  O  K  Z  M  Y  D  W  G  I
E  E  Q  J  E  I  X  P  S  U  Ă  I  Y  I  I  W
P  O  E  M  C  O  M  P  A  R  A  Ţ  I  E  E  U
```

ANALOGIE	FICŢIUNE
ANALIZĂ	METAFORĂ
ANECDOTĂ	NARATOR
AUTOR	ROMAN
BIOGRAFIE	POEM
COMPARAŢIE	POETIC
CONCLUZIE	RIMĂ
DESCRIERE	RITM
DIALOG	TEMĂ
STIL	TRAGEDIE

83 - Química

```
S A R E S Y V Z Z N J V B Y X S
M N T F P J I Q U Ă M I Z N E V
E B V C V Z A G Z C P E X W O U
C M A Ă L U L M A A K T T U K H
F S N L L Ţ C I R T S A Z A K D
U O J D I V A N U A E T L J L O
O O L U C M L U T L L U B M N E
M X U R H D I C A I E E N A N I
N O I Ă I S N M R Z C R O L C Ţ
E A L G D L F C E A T G B B S C
G F G E E P A E P T R O R Y S A
O V Y S C N C F M O O W A K B E
R A E L C U N N E R N Y C B G R
D A M A D I L E T E F U H K S J
I Y Q V N O R Ă B L V T D Q Q L
H S N R N Ţ R P S D G Y K A R V
```

ALCALIN	ION
ACID	LICHID
CĂLDURĂ	METALE
CARBON	MOLECULĂ
CATALIZATOR	NUCLEAR
CLOR	OXIGEN
ELECTRON	GREUTATE
ENZIMĂ	REACŢIE
GAZ	SARE
HIDROGEN	TEMPERATURA

84 - Gobierno

```
D E M O C R A Ţ I E N U I Ţ A N
R I I C D V C M P O L I T I C Ă
I Ţ Ţ O X O O Q O F K X A V I O
N U E S H Z N S S N Z A T U D X
D C K S R A S H L V U L S H I D
E S W C T S L Ţ O U M M J R L
P I R G C I I E S R B Z E P U P
E D E L I M T G D B S C B N J H
N N T Y R B U E B I I B F P T R
D V A Z T O Ţ X N R L I D E R C
E I T Ţ S L I N E E J N T O E Ţ
N I P E I N E Ţ Ă T E C R J H A
Ţ L E E D O L I B E R T A T E H
Ă J R N J W N E G A L I T A T E
W B D N Q M Z A W I D B O V O L
W T T V U S D K L I V I C F P L
```

CETĂŢENIE

CIVIL

CONSTITUŢIE

DEMOCRAŢIE

VORBIRE

DISCUŢIE

DISTRICT

STAT

EGALITATE

INDEPENDENŢĂ

JURIDIC

DREPTATE

LEGE

LIBERTATE

LIDER

MONUMENT

NAŢIONAL

NAŢIUNE

POLITICĂ

SIMBOL

85 - Creatividad

```
A  I  Ț  O  M  E  T  H  N  C  P  S  S  I  S
R  H  N  I  N  V  E  N  T  I  V  Z  I  P  M  E
T  C  I  T  A  M  A  R  D  E  V  O  Y  O  A  N
I  V  M  M  E  Ț  V  E  U  T  I  V  E  N  G  Z
S  I  P  O  T  N  M  I  H  A  Z  D  U  T  I  A
T  T  R  I  Q  M  S  Ț  C  T  I  O  Y  A  N  Ț
I  A  E  E  T  A  T  I  D  I  U  L  F  N  E  I
C  L  S  R  P  L  E  U  T  R  N  I  D  E  I  E
D  I  I  R  A  N  T  T  X  A  I  Z  J  H  N  Q
S  T  E  F  T  N  I  N  P  L  T  K  X  T  Q  Z
K  A  J  U  L  G  Â  I  V  C  I  E  A  D  E  K
Y  T  Q  L  X  S  Y  M  G  U  D  A  N  K  Y  Q
X  E  C  H  Q  I  Y  Z  E  I  S  E  R  P  X  E
G  Ț  N  Q  Q  F  Z  O  L  D  J  N  I  C  B  Z
I  M  A  G  I  N  A  Ț  I  E  N  D  R  H  T  R
I  N  S  P  I  R  A  Ț  I  E  F  Î  D  F  L  L
```

ARTISTIC
CLARITATE
DRAMATIC
EMOȚII
SPONTAN
EXPRESIE
FLUIDITATE
ÎNDEMÂNARE
IDEI
IMAGINE

IMAGINAȚIE
IMPRESIE
INSPIRAȚIE
INTENSITATE
INTUIȚIE
INVENTIV
SENZAȚIE
VIZIUNI
VITALITATE

86 - Clima

```
N L W N I B U S U Z I P Q E D Z
T R O P I C A L E N G V P M I D
T E U G Ț D F M C P R T Y X V L
O G I T A R U T A R E P M E T Ă
R L L W D X I W K C K T K U N N
N U P N N B H P L U Ț V B Ț Â U
A F Q V U R A G A N N U V N V T
D A U V N B A Ț L E O P O L A R
Ă Z V J I T R V O R R T A C S U
C L I M A T C I U R X U Y H W F
G H E A Ț Ă E Z Z N O N V S Z Z
Q U Z A L Z R Y O Ă A E D E K Ț
M U S O N O B T Q L X T S C P P
H E A T M O S F E R Ă Ț A E C S
V G L V O Z Y A P I F X W T V Q
R N W G W D K P I Ț H F Y Ă B D
```

ATMOSFERĂ	POLAR
BRIZĂ	FULGER
CER	USCAT
CLIMAT	SECETĂ
GHEAȚĂ	TEMPERATURA
URAGAN	FURTUNĂ
INUNDAȚII	TORNADĂ
MUSON	TROPICALE
CEAȚĂ	TUNET
NOR	VÂNT

87 - Comida #2

```
Q  B  W  B  A  P  P  R  S  C  I  R  E  A  Ș  Ă
S  T  A  X  E  U  Ț  T  J  T  T  H  C  R  I  G
V  N  Z  P  H  U  J  O  O  X  R  X  B  S  G  K
Ț  D  Q  W  R  K  Y  Q  Z  U  U  U  Â  R  G  I
E  Z  F  E  X  Y  H  R  Ă  L  A  D  G  I  M  W
L  W  Ț  Y  O  S  B  Q  X  D  I  Ț  Ț  U  Q  I
I  J  P  A  J  K  A  G  H  I  M  B  I  R  R  S
N  L  O  H  B  Ă  N  A  N  A  B  S  P  U  U  I
Ă  Z  N  Â  R  B  G  K  W  O  L  R  F  F  X  V
X  E  Ț  Y  Q  Y  H  Y  A  M  K  A  O  W  W  V
I  R  Z  I  P  M  I  E  M  O  N  R  J  Ș  I  C
X  O  Q  V  Y  E  N  P  E  V  G  O  U  S  I  I
V  Â  N  Ă  T  Ă  A  U  Z  M  Q  B  H  J  O  E
P  Â  I  N  E  X  R  I  D  N  Ă  U  M  X  P  D
G  U  S  J  L  D  E  T  Ş  E  P  R  D  P  H  H
C  T  T  T  C  I  O  C  O  L  A  T  Ă  Y  X  Y
```

ANGHINARE	MĂR
MIGDALĂ	PÂINE
ȚELINĂ	PEȘTE
OREZ	BANANĂ
VÂNĂTĂ	PUI
CIREAȘĂ	BRÂNZĂ
CIOCOLATĂ	ROȘIE
OU	GRÂU
GHIMBIR	STRUGURI
KIWI	IAURT

88 - Diplomacia

```
N  I  A  M  C  I  T  A  M  O  L  P  I  D  X  I
G  N  M  K  O  Z  V  F  U  J  J  R  K  C  H  I
V  T  B  R  N  R  E  V  U  G  C  N  H  Y  B  R
A  E  A  C  S  C  O  M  U  N  I  T  A  T  E  C
M  G  S  E  I  Ţ  U  C  S  I  D  N  O  D  I  O
B  R  A  T  L  K  Ţ  R  W  K  R  S  H  Ţ  Ţ  O
A  I  D  A  I  O  X  F  F  Y  B  H  S  N  U  P
S  T  Ă  T  E  T  A  T  I  R  U  C  E  S  L  E
A  A  S  P  R  T  R  A  T  A  T  Ţ  Ţ  D  O  R
D  T  T  E  X  A  G  L  R  Z  S  R  T  Z  Z  A
O  E  R  R  P  O  T  C  I  L  F  N  O  C  E  R
R  I  Ă  D  Z  Ă  C  I  T  I  L  O  P  E  R  E
H  E  I  Ţ  U  L  O  S  N  J  V  J  D  T  J  J
W  P  N  L  B  R  B  W  E  A  Ţ  K  X  I  D  F
W  V  J  X  L  V  Ţ  I  Z  I  M  P  V  C  J  Q
L  I  M  B  I  A  T  L  W  Y  G  U  N  Ă  D  S
```

CONSILIER	GUVERN
COMUNITATE	UMANITAR
CONFLICT	LIMBI
COOPERARE	INTEGRITATE
DIPLOMATIC	DREPTATE
DISCUŢIE	POLITICĂ
AMBASADĂ	REZOLUŢIE
AMBASADOR	SECURITATE
STRĂIN	SOLUŢIE
ETICĂ	TRATAT

89 - Herbosistería

```
F  Z  R  R  P  H  S  X  Y  Ș  Z  L  Ț  G  N  D
T  L  Z  Ț  L  H  T  E  Ă  M  O  R  A  O  L  K
H  H  G  Q  A  Y  K  D  X  F  A  F  T  Q  U  A
K  X  A  Y  N  N  I  R  A  M  Z  O  R  N  C  T
G  G  F  W  T  X  Y  E  E  G  O  L  A  A  I  T
R  Y  C  W  Ă  Y  X  V  K  O  A  Y  R  R  N  F
Ț  T  C  L  H  U  E  P  P  J  G  O  Ă  I  E  G
L  C  U  L  I  N  A  R  Ă  T  N  E  M  H  F  R
A  O  K  X  N  O  H  R  A  T  D  X  K  G  K  Ă
V  I  A  Q  I  O  T  A  M  O  R  A  P  A  N  D
A  U  C  A  L  I  T  A  T  E  L  U  B  M  P  I
N  S  U  S  T  U  R  O  I  E  C  F  N  Q  E  N
D  U  I  N  G  R  E  D  I  E  N  T  V  J  Ț  Ă
Ă  B  U  H  P  F  D  L  Q  V  C  H  C  A  E  M
J  S  C  O  E  Q  Y  Ț  B  K  M  U  O  U  X  L
U  X  D  T  R  D  I  T  S  H  N  P  W  Y  K  G
```

USTUROI
BUSUIOC
AROMAT
ȘOFRAN
CALITATE
CULINAR
MĂRAR
TARHON
FLOARE
FENICUL

INGREDIENT
GRĂDINĂ
LAVANDĂ
MAGHIRAN
MENTĂ
PĂTRUNJEL
PLANTĂ
ROZMARIN
AROMĂ
VERDE

90 - Energía

```
I  K  Y  J  B  X  Y  N  A  P  H  E  C  I  W  T
T  X  Q  J  H  H  F  U  F  O  S  L  Ă  N  C  G
E  H  L  J  E  Q  X  C  F  L  E  E  L  D  O  N
L  E  M  O  T  O  R  L  O  U  Ţ  C  D  U  M  H
I  E  Z  M  L  Ţ  C  E  T  A  I  T  U  S  B  X
B  A  T  E  R  I  E  A  O  R  V  R  R  T  U  I
A  R  E  Z  U  E  I  R  N  E  S  O  Ă  R  S  C
R  B  V  L  R  U  P  C  O  Z  O  N  N  I  T  N
E  B  U  G  E  N  O  N  B  P  A  E  I  E  I  N
N  Z  W  R  T  C  R  B  R  F  R  G  Z  O  B  I
E  N  Ţ  A  U  Z  T  Q  A  K  E  O  N  Z  I  J
G  Q  G  E  R  R  N  R  C  Ţ  T  R  E  A  L  Ţ
E  L  Y  Ţ  B  V  E  V  I  D  O  D  B  R  K  N
R  O  X  U  I  X  S  U  H  C  L  I  I  N  C  D
D  J  N  T  N  Â  V  V  R  N  I  H  Q  U  E  N
Y  R  Y  Y  Ă  N  I  R  O  T  O  M  U  W  Ţ  N
```

BATERIE	BENZINĂ
CĂLDURĂ	HIDROGEN
CARBON	INDUSTRIE
COMBUSTIBIL	MOTOR
POLUARE	NUCLEAR
MOTORINĂ	REGENERABILE
ELECTRON	SOARE
ELECTRIC	TURBINĂ
ENTROPIE	ABUR
FOTON	VÂNT

91 - Especias

```
H  U  Ș  B  L  A  Ţ  K  H  T  S  C  J  R  Q  W
Ţ  M  M  O  M  A  D  R  A  C  C  H  Ţ  K  S  Q
P  Ă  B  H  F  K  K  G  A  Ţ  O  I  Q  K  Q  Q
C  U  R  R  Y  R  S  F  K  V  R  M  R  C  S  V
U  L  I  A  J  A  A  A  I  C  Ţ  I  M  E  L  V
Ţ  R  Ă  M  O  R  A  N  R  E  I  O  B  A  D  A
R  F  D  A  S  Ş  E  N  P  E  Ș  N  W  P  J  N
A  N  A  S  O  N  C  A  A  C  O  S  X  Ă  P  I
F  E  N  I  C  U  L  U  P  L  A  A  C  R  U  L
I  K  W  O  Ţ  V  U  Ţ  N  U  R  E  P  I  P  I
E  J  S  R  F  H  D  P  H  D  Ă  W  K  B  M  E
U  V  C  U  J  I  M  S  J  N  P  D  E  M  Ţ  R
Q  I  Q  T  Ţ  Ţ  R  T  T  M  R  D  A  I  V  B
I  X  L  S  U  F  J  U  X  E  I  Y  U  H  E  I
K  U  D  U  O  F  B  G  I  L  O  O  Ţ  G  R  Q
O  H  I  A  Z  C  G  S  T  Z  K  Ţ  H  F  U  B
```

ACRU	DULCE
USTUROI	FENICUL
AMAR	GHIMBIR
ANASON	NUCŞOARĂ
ŞOFRAN	PAPRIKA
SCORŢIŞOARĂ	PIPER
CARDAMOM	LEMN DULCE
CEAPĂ	AROMĂ
CHIMION	SARE
CURRY	VANILIE

92 - Emociones

```
F E N O C M I R E H I O F N Q M
B U A T A N E J O H S E Q Q M L
U R R W L D O C Q D G R V B V A
N O G I M J D M O C F C C D X N
Ă T D L E T Ș I N I L H Ț Q H R
T Ă F L C T R I S T E Ț E Q Z O
A C E T A T I L I B I S N E S H
T S I M P A T I E R I C I R E F
E O L F J N A U B U C U R I E D
P N E R N H X V N J B X M B C R
G U R I Ă L A E S I T C I L P A
M C B C K P L V J S Ț Z P O N G
B E S Ă D G E P J C B N Q B Z O
M R X Ă Z I R P R U S G O P K S
S A T I S F Ă C U T K T J C M T
Q X J F V D G H V C T M X Q F E
```

PLICTISEALĂ
RECUNOSCĂTOR
BUCURIE
RELIEF
DRAGOSTE
JENAT
FERICIRE
BUNĂTATE
CALM
CONȚINUT

FURIE
FRICĂ
PACE
RELAXAT
SATISFĂCUT
SIMPATIE
SURPRIZĂ
SENSIBILITATE
LINIȘTE
TRISTEȚE

93 - Universo

```
A S T R O N O M Z E L Q C F Ă A
A X H W X X Z P T I C U F J R Z
S T U Z R T S M L X I U N M E Ţ
T Z J K O X H U C A R O A A F T
E N I D U T I T A L E R V T S Q
R C P Y I E A C R A N I I E O O
O P O C S E L E T G U Z Z O M R
I S R A L O S I P H T O I Y T E
D O B G P V Q M Ă C N N B E A C
F L I U D I A O R M Î T I T V W
Q S T Y C L C N E L F Y L L L E
T T Ă D Ţ U F O F N D X C M S B
D I W Ţ M B Y R S C E R E S C Z
I Ţ Q Q Ţ R M T I M Z J B E V S
F I J X W Z Y S M W I H Y J D A
K U S N G C Z A E G C C W Ţ D M
```

ASTEROID
ASTRONOMIE
ASTRONOM
ATMOSFERĂ
CERESC
CER
COSMIC
ECUATOR
GALAXIE
EMISFERĂ

ORIZONT
LATITUDINE
LUNA
ÎNTUNERIC
ORBITĂ
SOLAR
SOLSTIŢIU
TELESCOP
VIZIBIL

94 - Jazz

```
C X J K Z D R A R T I S T T I A
E O O C C I X K B K V D U E M C
T T M Y Y L C S T O R I H H P C
N G Ţ P T L C O N C E R T N R E
Â E Y C O N B H E Q I A O I O N
C N I M C Z T X L Y Ţ J R C V T
M U Z I C Ă I C A Y I H C Ă I A
D T O M B K B T T L Z F H A Z L
F A V O R I T E O G O N E N A B
O Z Q U N C F O A R P I S M Ţ U
D N Y H Z Y E E Q S M J T N I M
G H J G E I B L A T O K R B E R
H K S S R H U M E R C P Ă H G I
Y I Q T H T O B E B I Q H S C T
Y X A E I H C E V Q R U C I O M
K W C N H L S K P N A U O N H Z
```

ARTIST	GEN
ALBUM	IMPROVIZAŢIE
CÂNTEC	MUZICĂ
COMPOZIŢIE	NOU
COMPOZITOR	ORCHESTRĂ
CONCERT	RITM
STIL	TALENT
ACCENT	TOBE
CELEBRU	TEHNICĂ
FAVORITE	VECHI

95 - Mediciones

```
Z  L  Q  N  Î  Z  T  G  Y  Y  M  Z  K  I  L  O
K  O  G  G  R  N  B  Y  T  E  A  E  I  Q  E  B
M  M  J  N  B  I  Ă  X  I  H  S  C  L  Y  X  I
T  Q  E  M  Q  H  B  L  R  S  Ă  I  O  V  G  Ţ
O  V  O  L  U  M  Q  Y  Ţ  K  C  M  G  U  W  U
N  Z  L  A  S  B  E  D  C  I  E  A  R  B  F  R
Ă  L  N  E  A  C  W  R  D  B  M  L  A  F  N  T
U  J  Z  J  D  F  D  Ţ  R  L  I  E  M  D  Z  E
G  C  N  V  Â  T  M  Z  B  P  Ţ  T  U  N  I  M
W  R  X  Ţ  N  G  R  A  D  V  Ă  A  R  W  H  I
V  Q  A  N  C  Ţ  J  R  P  R  L  T  T  I  O  T
V  Ţ  E  M  I  G  N  U  L  S  H  U  E  I  E  N
G  T  I  D  M  E  Q  J  R  A  A  E  M  N  Q  E
X  F  C  H  E  G  F  O  J  T  R  R  Z  C  Z  C
J  S  N  O  J  C  T  D  F  E  I  G  L  H  K  R
E  Ţ  U  R  T  E  M  O  L  I  K  L  T  B  F  U
```

ÎNĂLŢIME	LUNGIME
LĂŢIME	MASĂ
BYTE	METRU
CENTIMETRU	MINUT
ZECIMAL	UNCIE
GRAD	GREUTATE
GRAM	ADÂNCIME
KILOGRAM	INCH
KILOMETRU	TONĂ
LITRU	VOLUM

96 - Barcos

```
V V J C C M J Y E T Q V S M X G
I F P M E A J Q K T H V V A L K
G N W T M I T I R A M C X R N N
G F K M A D H A J H B A C E U U
F M A R I N A R R O T O M E C J
O W D Ţ O A I Q M G C Z K C Q K
Ţ H Q C D C A A Y G O G W S R D
R N R X S O E I H G N Â R F Â R
H G J M C H J A P I H C E C U C
M L H Y Ă R U D N A M A E G N A
I L X Ţ T G Ă W B A Z L E R I I
Ţ S D Ţ U M A R E X N I O G J A
T U R Y L R E Q O V A L U R I C
O Z X S P F R Ţ N C L U C X Y J
N A U T I C F O A Q N U G O G E
S P B M Q L S N C D S A L D T I
```

ANCORĂ	MARINAR
PLUTĂ	MARITIM
GEAMANDURĂ	CATARG
CANOE	MOTOR
FRÂNGHIE	NAUTIC
BAC	OCEAN
CAIAC	VALURI
LAC	RÂU
MARE	ECHIPAJ
MAREE	IAHT

97 - Antártida

```
V  R  C  P  X  V  M  G  D  S  W  F  N  Y  U  S
Q  L  C  E  Ă  N  S  L  P  O  T  Y  O  I  R  G
L  J  C  I  R  S  A  P  E  F  V  Â  T  R  L  A
A  D  O  F  Z  C  Ă  E  M  B  V  E  N  M  F  Z
R  D  N  A  F  U  E  R  W  R  E  A  T  C  N  H
U  L  T  R  A  X  Ț  T  I  R  O  N  X  E  O  K
T  Ă  I  G  P  W  U  T  Ă  I  P  U  O  X  Ș  S
A  L  N  O  Ă  W  A  Ț  X  T  R  A  P  P  T  I
R  U  E  E  K  F  R  K  F  L  O  G  I  E  I  N
E  S  N  G  G  H  E  Ț  A  R  I  R  N  D  I  S
P  N  T  Z  B  Ă  I  Ț  O  P  Y  D  G  I  N  U
M  I  G  R  A  Ț  I  E  I  A  C  Y  U  Ț  Ț  L
E  N  R  F  Y  A  U  N  F  X  T  T  I  I  I  E
T  E  L  A  R  E  N  I  M  R  P  K  N  E  F  F
U  P  I  L  Y  H  A  E  B  R  F  C  I  M  I  B
C  U  I  P  F  G  V  R  S  V  L  E  Q  Q  C  Z
```

APĂ	INSULE
GOLF	MIGRAȚIE
ȘTIINȚIFIC	MINERALE
CONTINENT	NORI
EXPEDIȚIE	PĂSĂRI
GEOGRAFIE	PENINSULĂ
GHEȚARI	PINGUINI
GHEAȚĂ	STÂNCOS
CERCETĂTOR	TEMPERATURA

98 - Mamíferos

```
M  B  S  G  B  X  V  L  V  K  L  C  S  Y  K  I
C  A  N  G  O  Ţ  K  N  W  C  D  Ă  R  B  E  Z
K  E  I  A  O  R  Y  S  Z  P  S  M  U  O  P  I
S  Ţ  F  M  B  L  I  M  K  R  D  I  F  P  L  V
K  W  L  Y  U  D  J  L  A  C  H  L  N  A  U  U
C  Ţ  E  J  H  Ţ  K  Q  Ă  K  K  Ă  Y  W  V  Q
D  A  D  F  C  A  Ă  E  L  E  F  A  N  T  U  Z
E  P  N  K  E  I  W  U  M  N  A  H  I  S  T  G
W  K  Q  G  R  D  I  P  W  I  C  Z  B  N  A  J
D  X  H  D  U  Ţ  Q  U  Z  Â  N  J  U  Ţ  U  D
N  X  T  H  P  R  U  A  T  C  O  I  O  T  U  H
D  W  A  J  E  E  K  X  U  F  S  L  L  I  U  Q
D  M  N  P  I  S  I  C  Ă  N  E  L  A  B  P  O
F  B  F  U  G  I  R  A  F  Ă  R  J  O  F  Y  F
P  B  Ţ  L  M  Ă  G  A  R  K  E  T  S  Z  P  P
Q  V  W  C  Y  K  Y  Z  A  S  Y  J  X  J  Y  I
```

BALENĂ	PISICĂ
MĂGAR	GORILĂ
CAL	GIRAFĂ
CĂMILĂ	LUP
CANGUR	MAIMUŢĂ
ZEBRĂ	URS
IEPURE	OAIE
COIOT	CÂINE
DELFIN	TAUR
ELEFANT	VULPE

99 - Abejas

```
T U K T F L I K C A C R O P E E
E T N A L P X C A E Z O X Ţ E R
G T H B O U A D R Q A I I P C M
R L N N R T J D I R Z R B K Y X
Ă F E E I S Y G P R Ţ Ţ Ă Z K D
D I L R M C B O I I N S E C T Ă
I A O E I I B E N E F I C B U F
N E P I R U L I S Ţ Ă Ţ H D P R
Ă X C M R O T A Z I N E L O P U
F Z H O D I V E R S I T A T E C
U A R Y S S O A R E G A Q T S T
M J U M I I L M E H E T Q E Q X
S G X P M S S F M Y R I W O Q L
I W T U Z M F T D S O B M V M Y
K N C K L S S M E R C A X I N P
Y F J Ţ N J D M T M G H E Q P N
```

ARIPI	HABITAT
BENEFIC	FUM
CEARĂ	INSECTĂ
STUP	GRĂDINĂ
ALIMENTE	MIERE
DIVERSITATE	PLANTE
ECOSISTEM	POLEN
ROI	POLENIZATOR
FLORI	REGINĂ
FRUCT	SOARE

100 - Psicología

```
P I M M C H A S E N Z A Ţ I E R
E N C X O B I L T U I F T E R N
R T I M N D N M A K B D H D A I
S N N T F V K D T Q S P A I M U
O E I E L E H H I M Q E J I A Q
N M L C I X G M L P B R G Ţ R I
A A C B C T D O A H F C G O G N
L T Ă U T C Ş W E X I E Â M O C
I R M I N A D N R H D P N E R O
T O E F Q O E R O N F Ţ D I P N
A P L B O W A N K C Ţ I U P V Ş
T M B G F S M Ş D F B E R A I T
E O O R H D D L T G M U I R S I
R C R Q Z Ţ N H N E U S S E E E
C O P I L Ă R I E Ţ R A Ţ T R N
E V A L U A R E K O A E X F I T
```

PROGRAMARE	COPILĂRIE
CLINIC	GÂNDURI
CUNOAŞTERE	PERCEPŢIE
COMPORTAMENT	PERSONALITATE
CONFLICT	PROBLEMĂ
EGO	REALITATE
EMOŢII	SENZAŢIE
EVALUARE	SUBCONŞTIENT
IDEI	VISE
INCONŞTIENT	TERAPIE

1 - Arqueología

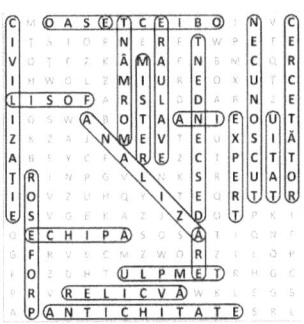

2 - Granja #2

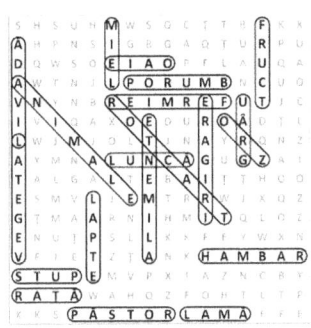

3 - La Empresa

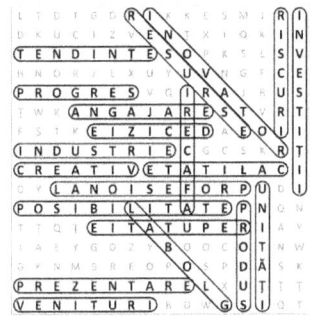

4 - Pesca

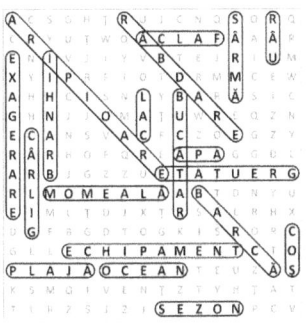

5 - Aviones

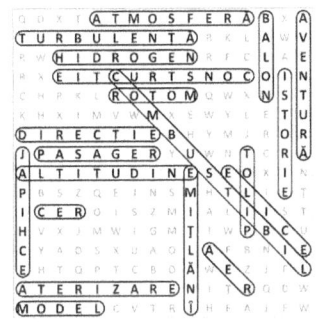

6 - Tipos de Cabello

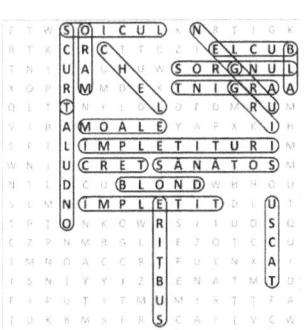

7 - Ética

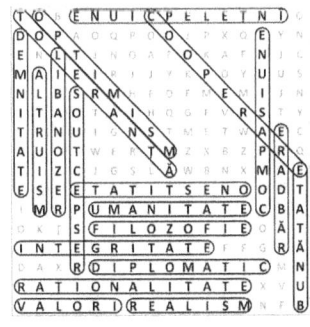
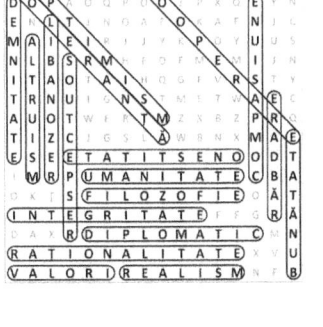

8 - Ciencia Ficción

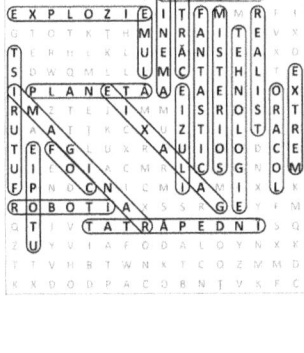

9 - Granja #1

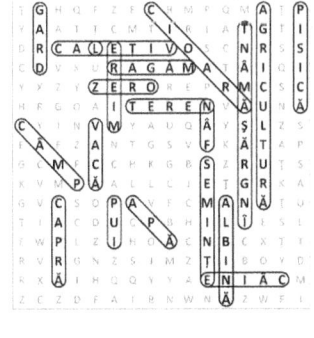

10 - Camping

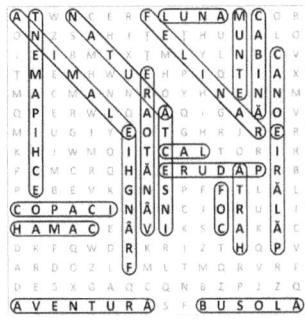

11 - Fruta

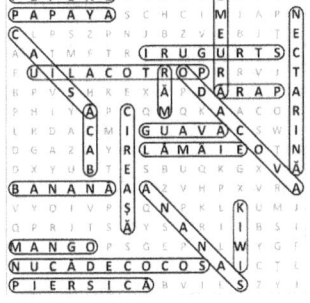

12 - Geología

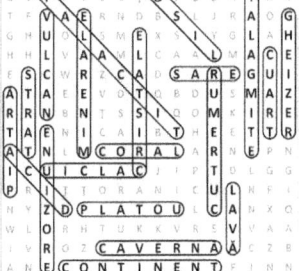

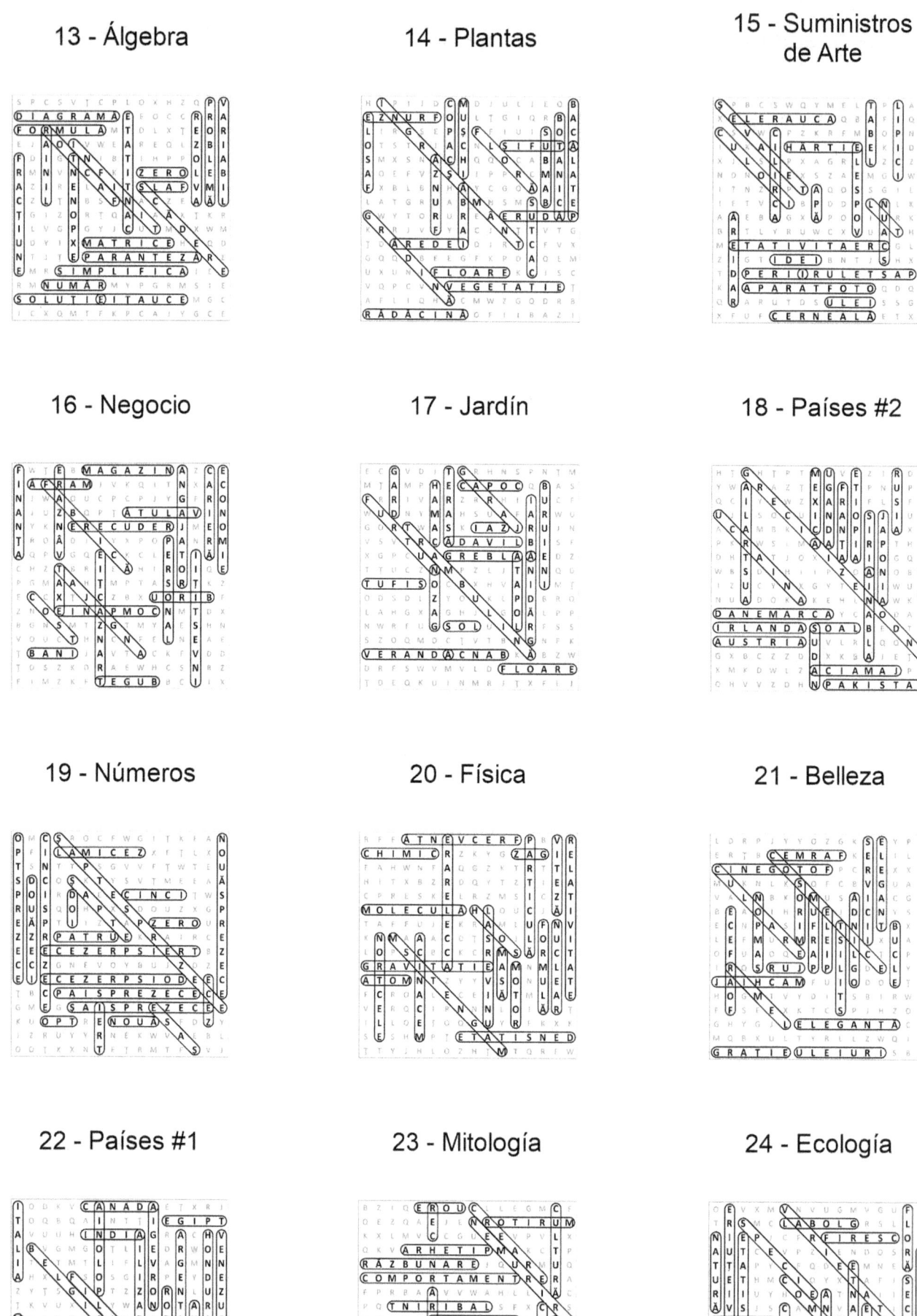

13 - Álgebra

14 - Plantas

15 - Suministros de Arte

16 - Negocio

17 - Jardín

18 - Países #2

19 - Números

20 - Física

21 - Belleza

22 - Países #1

23 - Mitología

24 - Ecología

25 - Casa

26 - Artes Visuales

27 - Salud y Bienestar #2

28 - Selva Tropical

29 - Colores

30 - Adjetivos #1

31 - Família

32 - Disciplinas Científicas

33 - Cocina

34 - Moda

35 - Electricidad

36 - Salud y Bienestar #1

37 - Adjetivos #2

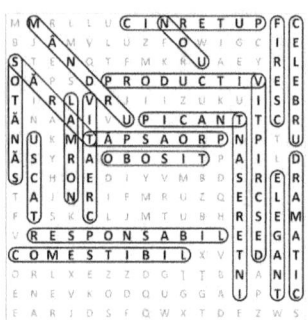

38 - Cuerpo Humano

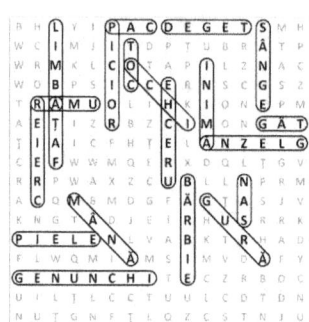

39 - Calentamiento Gl

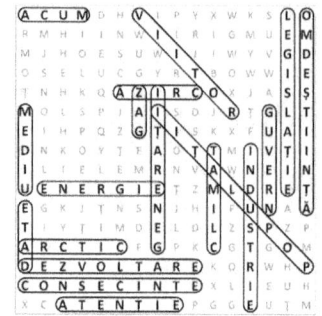

40 - Ciencia

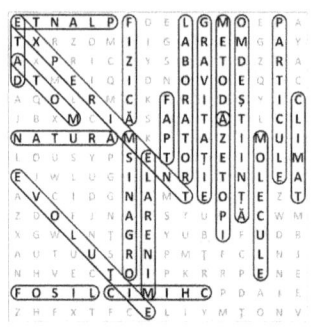

41 - Restaurante #2

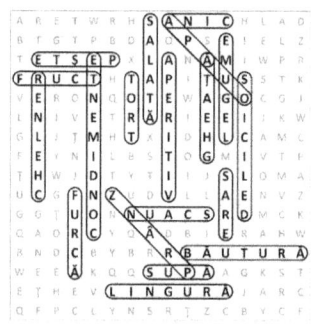

42 - Profesiones #1

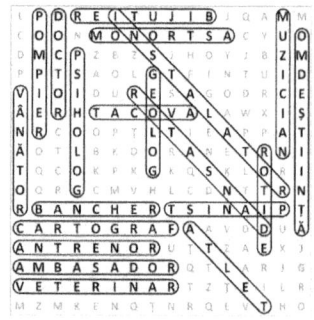

43 - Vehículos

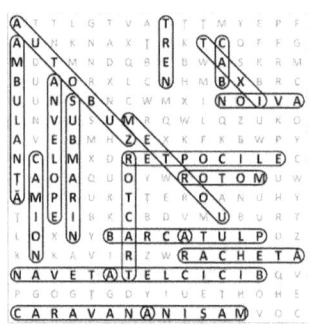

44 - Geometría

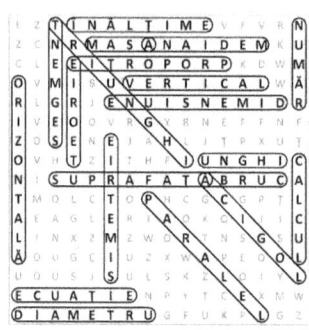

45 - Vacaciones #2

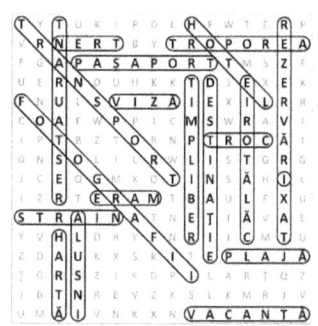

46 - Baile

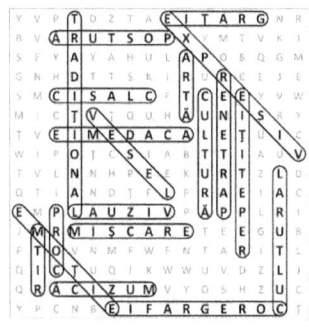

47 - Matemáticas

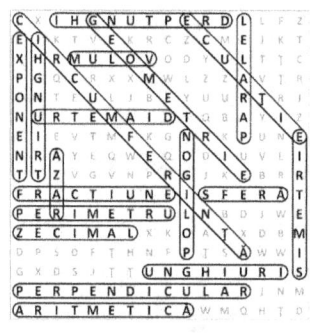

48 - Profesiones #2

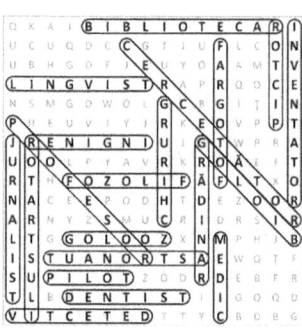

49 - Senderismo

50 - Naturaleza

51 - Conduciendo

52 - Ballet

53 - Fuerza y Gravedad

54 - Aventura

55 - Pájaros

56 - Geografía

57 - Música

58 - Enfermedad

59 - Actividades

60 - Verduras

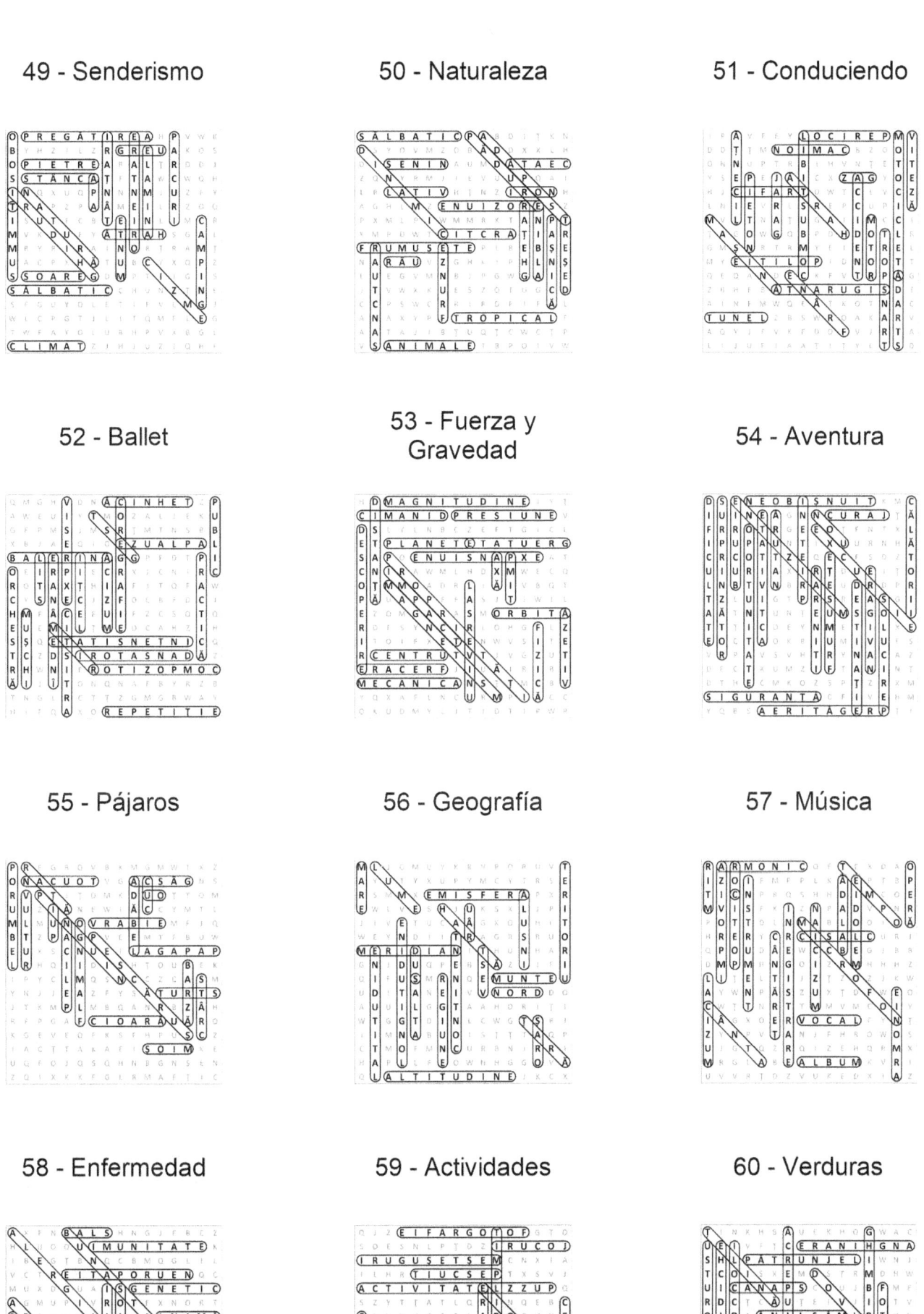

61 - Instrumentos Musicales

62 - Formas

63 - Astronomía

64 - Tiempo

65 - Paisajes

66 - Días y Meses

67 - Biología

68 - Barbacoas

69 - Ropa

70 - Meditación

71 - Libros

72 - Los Medios de Comunicación

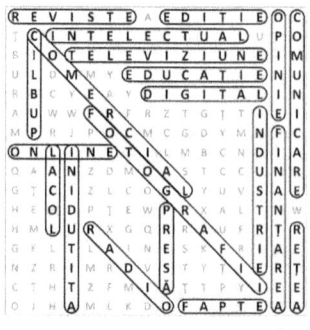

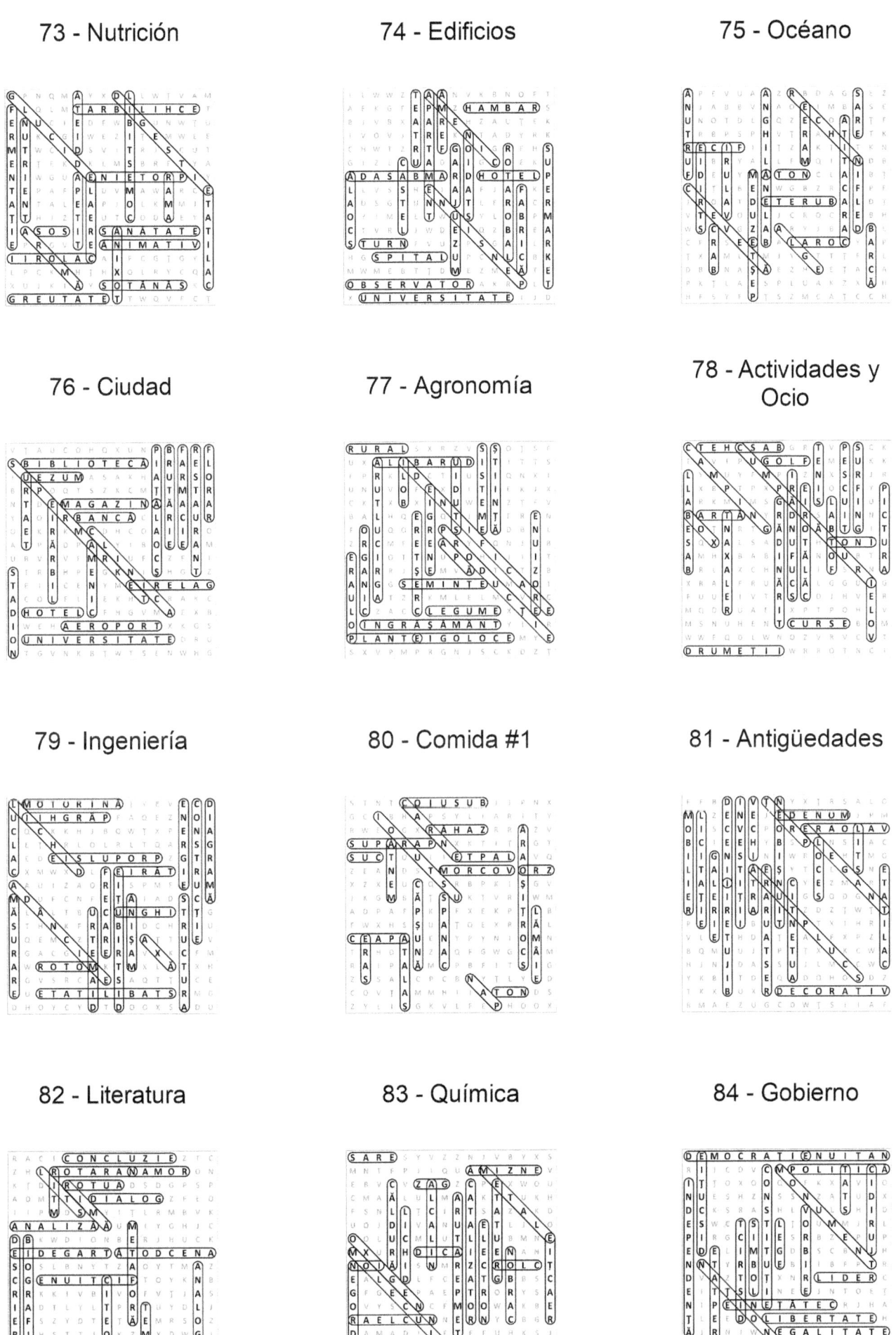

73 - Nutrición

74 - Edificios

75 - Océano

76 - Ciudad

77 - Agronomía

78 - Actividades y Ocio

79 - Ingeniería

80 - Comida #1

81 - Antigüedades

82 - Literatura

83 - Química

84 - Gobierno

85 - Creatividad

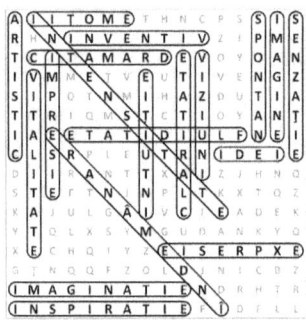

86 - Clima

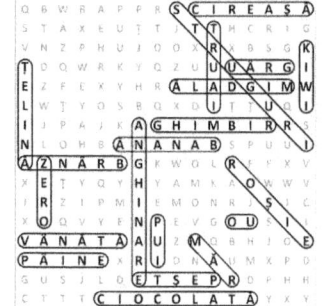

87 - Comida #2

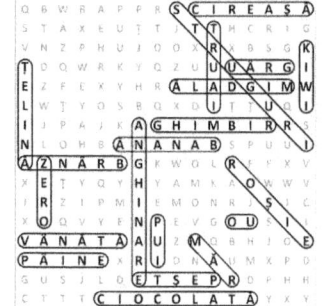

88 - Diplomacia

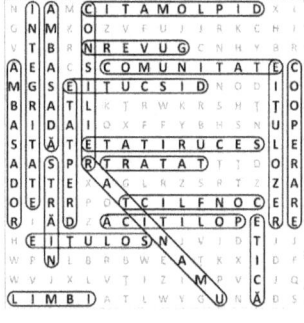

89 - Herboristería

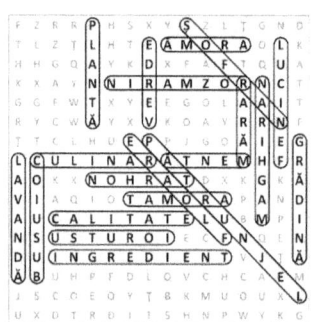

90 - Energía

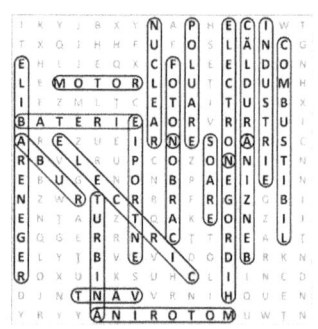

91 - Especias

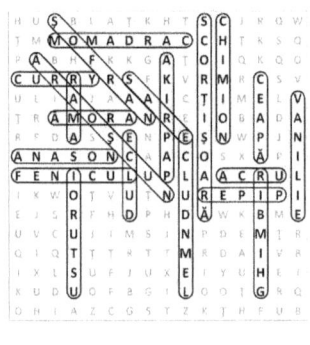

92 - Emociones

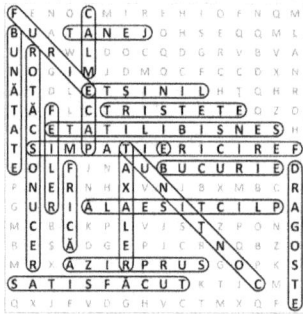

93 - Universo

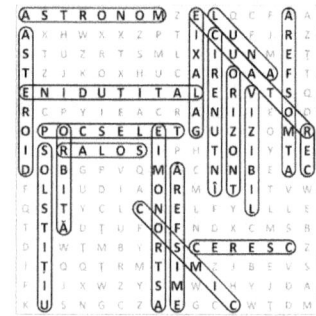

94 - Jazz

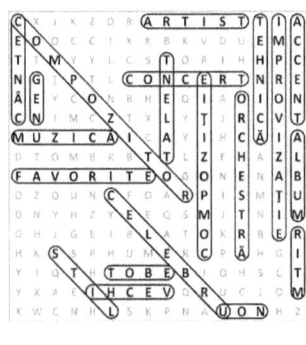

95 - Mediciones

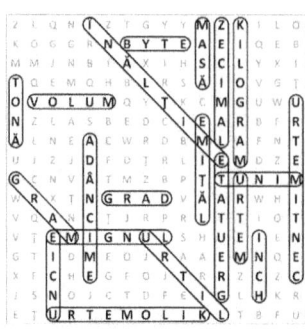

96 - Barcos

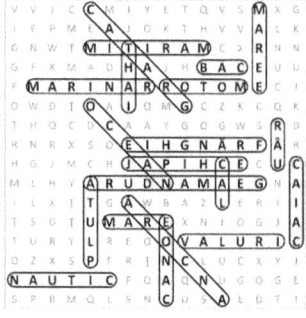

97 - Antártida

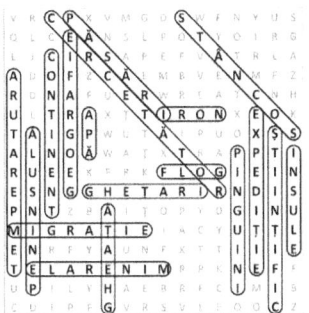

98 - Mamíferos

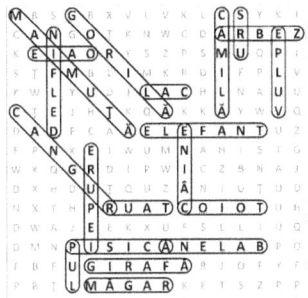

99 - Abejas

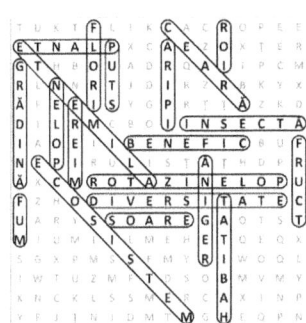

100 - Psicología

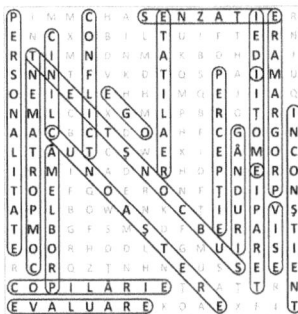

Diccionario

Abejas
Albinele

Alas	Aripi
Beneficioso	Benefic
Cera	Ceară
Colmena	Stup
Comida	Alimente
Diversidad	Diversitate
Ecosistema	Ecosistem
Enjambre	Roi
Flores	Flori
Fruta	Fruct
Hábitat	Habitat
Humo	Fum
Insecto	Insectă
Jardín	Grădină
Miel	Miere
Plantas	Plante
Polen	Polen
Polinizador	Polenizator
Reina	Regină
Sol	Soare

Actividades
Activități

Actividad	Activitate
Arte	Artă
Artesanía	Meșteșuguri
Caza	Vânătoare
Cerámica	Ceramică
Costura	Cusut
Fotografía	Fotografie
Habilidad	Îndemânare
Intereses	Interese
Jardinería	Grădinărit
Juegos	Jocuri
Lectura	Lectură
Magia	Magie
Ocio	Timp Liber
Pesca	Pescuit
Pintura	Pictura
Placer	Plăcere
Relajación	Relaxare
Rompecabezas	Puzzle
Senderismo	Drumeții

Actividades y Ocio
Activități și Timp Liber

Arte	Artă
Baloncesto	Baschet
Béisbol	Baseball
Boxeo	Box
Buceo	Scufundări
Camping	Camping
Carreras	Curse
Compras	Cumpărături
Fútbol	Fotbal
Golf	Golf
Jardinería	Grădinărit
Natación	Înot
Pesca	Pescuit
Pintura	Pictura
Relajante	Relaxant
Senderismo	Drumeții
Surf	Surfing
Tenis	Tenis
Viaje	Călătorie
Voleibol	Volei

Adjetivos #1
Adjective #1

Absoluto	Absolut
Activo	Activ
Ambicioso	Ambițios
Aromático	Aromat
Atractivo	Atractiv
Brillante	Luminos
Enorme	Imens
Generoso	Generos
Grande	Mare
Honesto	Sincer
Importante	Important
Inocente	Nevinovat
Joven	Tineri
Lento	Încet
Moderno	Modern
Oscuro	Întuneric
Perfecto	Perfect
Pesado	Greu
Serio	Serios
Valioso	Valoros

Adjetivos #2
Adjective #2

Cansado	Obosit
Comestible	Comestibil
Creativo	Creativ
Descriptivo	Descriptiv
Dramático	Dramatic
Elegante	Elegant
Famoso	Celebru
Fresco	Proaspăt
Fuerte	Puternic
Interesante	Interesant
Natural	Firesc
Normal	Normal
Nuevo	Nou
Orgulloso	Mândru
Picante	Picant
Productivo	Productiv
Responsable	Responsabil
Salado	Sărat
Saludable	Sănătos
Seco	Uscat

Agronomía
Agronomie

Agricultura	Agricultură
Agua	Apă
Ciencia	Știință
Contaminación	Poluare
Crecimiento	Creștere
Ecología	Ecologie
Energía	Energie
Enfermedades	Boli
Erosión	Eroziune
Estudio	Studiu
Fertilizante	Îngrășământ
Identificación	Identificare
Orgánico	Organic
Plantas	Plante
Producción	Producție
Rural	Rural
Semillas	Semințe
Sistemas	Sisteme
Sostenible	Durabilă
Verduras	Legume

Antártida
Antarctica

Agua	Apă
Bahía	Golf
Científico	Ştiinţific
Conservación	Conservare
Continente	Continent
Expedición	Expediţie
Geografía	Geografie
Glaciares	Gheţari
Hielo	Gheaţă
Investigador	Cercetător
Islas	Insule
Migración	Migraţie
Minerales	Minerale
Nubes	Nori
Pájaros	Păsări
Península	Peninsulă
Pingüinos	Pinguini
Rocoso	Stâncos
Temperatura	Temperatura
Topografía	Topografie

Antigüedades
Antichităţi

Arte	Artă
Auténtico	Autentic
Calidad	Calitate
Decorativo	Decorativ
Décadas	Decenii
Elegante	Elegant
Escultura	Sculptură
Estilo	Stil
Galería	Galerie
Inusual	Neobişnuit
Inversión	Investiţii
Joyas	Bijuterii
Monedas	Monede
Mueble	Mobilier
Precio	Preţ
Restauración	Restaurare
Siglo	Secol
Subasta	Licitaţie
Valor	Valoare
Viejo	Vechi

Arqueología
Arheologie

Análisis	Analiză
Antigüedad	Antichitate
Años	Ani
Civilización	Civilizaţie
Descendiente	Descendent
Desconocido	Necunoscut
Equipo	Echipă
Era	Eră
Evaluación	Evaluare
Experto	Expert
Fósil	Fosil
Huesos	Oase
Investigador	Cercetător
Misterio	Mister
Objetos	Obiecte
Olvidado	Uitat
Profesor	Profesor
Reliquia	Relicvă
Templo	Templu
Tumba	Mormânt

Artes Visuales
Arte Vizuale

Arcilla	Argilă
Arquitectura	Arhitectură
Artista	Artist
Barniz	Lac
Caballete	Şevalet
Carbón	Cărbune
Cera	Ceară
Cerámica	Ceramică
Composición	Compoziţie
Creatividad	Creativitate
Escultura	Sculptură
Fotografía	Fotografie
Lápiz	Creion
Obra Maestra	Capodoperă
Película	Film
Perspectiva	Perspectivă
Pintura	Pictura
Pluma	Pix
Retrato	Portret
Tiza	Cretă

Astronomía
Astronomie

Asteroide	Asteroid
Astronauta	Astronaut
Astrónomo	Astronom
Cielo	Cer
Cohete	Rachetă
Constelación	Constelaţie
Cosmos	Cosmos
Eclipse	Eclipsă
Equinoccio	Echinocţiu
Galaxia	Galaxle
Luna	Luna
Meteoro	Meteor
Observatorio	Observator
Planeta	Planetă
Radiación	Radiaţie
Satélite	Satelit
Supernova	Supernovă
Telescopio	Telescop
Tierra	Pământ
Universo	Univers

Aventura
Aventuri

Actividad	Activitate
Alegría	Bucurie
Amigos	Prieteni
Belleza	Frumuseţe
Destino	Destinaţie
Dificultad	Dificultate
Entusiasmo	Entuziasm
Excursión	Excursie
Inusual	Neobişnuit
Itinerario	Itinerar
Naturaleza	Natură
Navegación	Navigare
Nuevo	Nou
Oportunidad	Oportunitate
Peligroso	Periculos
Preparación	Pregătirea
Seguridad	Siguranţă
Sorprendente	Surprinzător
Valentía	Curaj
Viajes	Călătorii

Aviones
Avioane

Aire	Aer
Altitud	Altitudine
Altura	Înălţime
Aterrizaje	Aterizare
Atmósfera	Atmosferă
Aventura	Aventură
Cielo	Cer
Combustible	Combustibil
Construcción	Construcţie
Dirección	Direcţie
Diseño	Model
Globo	Balon
Hélices	Elice
Hidrógeno	Hidrogen
Historia	Istorie
Motor	Motor
Pasajero	Pasager
Piloto	Pilot
Tripulación	Echipaj
Turbulencia	Turbulenţă

Álgebra
Algebră

Cantidad	Cantitate
Cero	Zero
Diagrama	Diagramă
Ecuación	Ecuaţie
Exponente	Exponent
Factor	Factor
Falso	Fals
Fórmula	Formulă
Fracción	Fracţiune
Infinito	Infinit
Lineal	Liniar
Matriz	Matrice
Número	Număr
Paréntesis	Paranteză
Problema	Problemă
Resolver	Rezolva
Resta	Scădere
Simplificar	Simplifica
Solución	Soluţie
Variable	Variabil

Baile
Dance

Academia	Academie
Alegre	Vesel
Arte	Artă
Clásico	Clasic
Coreografía	Coregrafie
Cuerpo	Corp
Cultura	Cultură
Cultural	Cultural
Emoción	Emoţie
Ensayo	Repetiţie
Expresivo	Expresiv
Gracia	Graţie
Movimiento	Mişcare
Música	Muzică
Postura	Postură
Ritmo	Ritm
Socio	Partener
Tradicional	Tradiţional
Visual	Vizual

Ballet
Balet

Aplauso	Aplauze
Artístico	Artistic
Audiencia	Public
Bailarina	Balerină
Bailarines	Dansatori
Compositor	Compozitor
Coreografía	Coregrafie
Ensayo	Repetiţie
Estilo	Stil
Expresivo	Expresiv
Gesto	Gest
Habilidad	Îndemânare
Intensidad	Intensitate
Lecciones	Lecţii
Músculos	Muşchi
Música	Muzică
Orquesta	Orchestră
Práctica	Practică
Ritmo	Ritm
Técnica	Tehnică

Barbacoas
Grătare

Almuerzo	Prânz
Caliente	Fierbinte
Cebollas	Ceapă
Cena	Cina
Cuchillos	Cuţite
Ensaladas	Salate
Familia	Familie
Fruta	Fruct
Hambre	Foame
Juegos	Jocuri
Música	Muzică
Niños	Copii
Parrilla	Grătar
Pimienta	Piper
Pollo	Pui
Sal	Sare
Salsa	Sos
Tomates	Rosii
Verano	Vară
Verduras	Legume

Barcos
Barci

Ancla	Ancoră
Balsa	Plută
Boya	Geamandură
Canoa	Canoe
Cuerda	Frânghie
Ferry	Bac
Kayak	Caiac
Lago	Lac
Mar	Mare
Marea	Maree
Marinero	Marinar
Marítimo	Maritim
Mástil	Catarg
Motor	Motor
Náutico	Nautic
Océano	Ocean
Olas	Valuri
Río	Râu
Tripulación	Echipaj
Yate	Iaht

Belleza
Frumusețe

Aceites	Uleiuri
Aroma	Miros
Champú	Șampon
Color	Culoare
Cosméticos	Cosmetice
Elegancia	Eleganță
Elegante	Elegant
Encanto	Farmec
Espejo	Oglindă
Estilista	Stilist
Fotogénico	Fotogenic
Fragancia	Parfum
Gracia	Grație
Maquillaje	Machiaj
Piel	Piele
Pintalabios	Ruj
Rizos	Bucle
Rímel	Rimel
Servicios	Servicii
Tijeras	Foarfece

Biología
Biologie

Anatomía	Anatomie
Bacterias	Bacterii
Celda	Celulă
Colágeno	Colagen
Cromosoma	Cromozom
Embrión	Embrion
Enzima	Enzimă
Evolución	Evoluție
Fotosíntesis	Fotosinteză
Hormona	Hormon
Mamífero	Mamifer
Mutación	Mutație
Natural	Firesc
Nervio	Nerv
Neurona	Neuron
Ósmosis	Osmoză
Proteína	Proteină
Reptil	Reptilă
Simbiosis	Simbioză
Sinapsis	Sinapsă

Calentamiento Global
Încălzirea Globală

Ahora	Acum
Ambiental	Mediu
Atención	Atenție
Ártico	Arctic
Científico	Om de Știință
Clima	Climat
Consecuencias	Consecințe
Crisis	Criză
Datos	Date
Desarrollo	Dezvoltare
Energía	Energie
Futuro	Viitor
Gas	Gaz
Generaciones	Generații
Gobierno	Guvern
Industria	Industrie
Internacional	Internațional
Legislación	Legislație
Poblaciones	Populații
Temperaturas	Temperaturi

Camping
Camping

Animales	Animale
Aventura	Aventură
Árboles	Copaci
Bosque	Pădure
Brújula	Busolă
Cabina	Cabină
Canoa	Canoe
Caza	Vânătoare
Cuerda	Frânghie
Equipo	Echipament
Fuego	Foc
Hamaca	Hamac
Insecto	Insectă
Lago	Lac
Linterna	Felinar
Luna	Luna
Mapa	Hartă
Montaña	Munte
Naturaleza	Natură
Sombrero	Pălărie

Casa
Casa

Alfombra	Covor
Ático	Mansardă
Biblioteca	Bibliotecă
Chimenea	Vatră
Cocina	Bucătărie
Dormitorio	Dormitor
Ducha	Duș
Escoba	Mătură
Espejo	Oglindă
Garaje	Garaj
Grifo	Robinet
Jardín	Grădină
Lámpara	Lampă
Pared	Perete
Piso	Podea
Puerta	Ușă
Sótano	Subsol
Techo	Acoperiș
Valla	Gard
Ventana	Fereastră

Ciencia
Știință

Átomo	Atom
Científico	Om de Știință
Clima	Climat
Datos	Date
Evolución	Evoluție
Experimento	Experiment
Física	Fizică
Fósil	Fosil
Gravedad	Gravitație
Hecho	Fapt
Hipótesis	Ipoteză
Laboratorio	Laborator
Método	Metodă
Minerales	Minerale
Moléculas	Molecule
Naturaleza	Natură
Organismo	Organism
Partículas	Particule
Plantas	Plante
Químico	Chimic

Ciencia Ficción
Operă Ştiinţifico-Fantas

Atómico	Atomic
Cine	Cinema
Distante	Îndepărtat
Explosión	Explozie
Extremo	Extrem
Fantástico	Fantastic
Fuego	Foc
Futurista	Futurist
Galaxia	Galaxie
Ilusión	Iluzie
Imaginario	Imaginar
Libros	Cărţi
Misterioso	Misterios
Mundo	Lume
Oráculo	Oracol
Planeta	Planetă
Realista	Realist
Robots	Roboţi
Tecnología	Tehnologie
Utopía	Utopie

Ciudad
Oraş

Aeropuerto	Aeroport
Banco	Bancă
Biblioteca	Bibliotecă
Cine	Cinema
Clínica	Clinica
Escuela	Şcoală
Estadio	Stadion
Farmacia	Farmacie
Florista	Florar
Galería	Galerie
Hotel	Hotel
Librería	Librărie
Mercado	Piaţă
Museo	Muzeu
Panadería	Brutărie
Restaurante	Restaurant
Supermercado	Supermarket
Teatro	Teatru
Tienda	Magazin
Universidad	Universitate

Clima
Vremea

Atmósfera	Atmosferă
Brisa	Briză
Cielo	Cer
Clima	Climat
Hielo	Gheaţă
Huracán	Uragan
Inundación	Inundaţii
Monzón	Muson
Niebla	Ceaţă
Nube	Nor
Polar	Polar
Rayo	Fulger
Seco	Uscat
Sequía	Secetă
Temperatura	Temperatura
Tormenta	Furtună
Tornado	Tornadă
Tropical	Tropicale
Trueno	Tunet
Viento	Vânt

Cocina
Bucătărie

Caldera	Ceainic
Comida	Alimente
Congelador	Congelator
Cucharas	Linguri
Cucharón	Polonic
Cuchillos	Cuţite
Delantal	Şorţ
Especias	Condimente
Esponja	Burete
Horno	Cuptor
Jarra	Ulcior
Palillos	Beţişoare
Parrilla	Grătar
Receta	Reţetă
Refrigerador	Frigider
Servilleta	Şerveţel
Tarro	Borcan
Tazas	Cupe
Tazón	Castron
Tenedores	Furci

Colores
Culori

Amarillo	Galben
Azul	Albastru
Azur	Azur
Beige	Bej
Blanco	Alb
Carmesí	Crimson
Cian	Cyan
Fucsia	Fucsie
Gris	Gri
Índigo	Indigo
Magenta	Magenta
Marrón	Maro
Naranja	Portocaliu
Negro	Negru
Púrpura	Violet
Rojo	Roşu
Rosa	Roz
Sepia	Sepia
Verde	Verde

Comida #1
Alimente #1

Ajo	Usturoi
Albahaca	Busuioc
Atún	Ton
Azúcar	Zahăr
Canela	Scorţişoară
Carne	Carne
Cebada	Orz
Cebolla	Ceapă
Ensalada	Salată
Espinacas	Spanac
Fresa	Căpşună
Jugo	Suc
Leche	Lapte
Limón	Lămâie
Menta	Mentă
Nabo	Nap
Pera	Pară
Sal	Sare
Sopa	Supă
Zanahoria	Morcov

Comida #2
Alimente #2

Alcachofa	Anghinare
Almendra	Migdală
Apio	Țelină
Arroz	Orez
Berenjena	Vânătă
Cereza	Cireașă
Chocolate	Ciocolată
Huevo	Ou
Jengibre	Ghimbir
Kiwi	Kiwi
Manzana	Măr
Pan	Pâine
Pescado	Pește
Plátano	Banană
Pollo	Pui
Queso	Brânză
Tomate	Roșie
Trigo	Grâu
Uva	Struguri
Yogur	Iaurt

Conduciendo
Conducere

Español	Română
Accidente	Accident
Calle	Stradă
Camión	Camion
Coche	Mașină
Combustible	Combustibil
Frenos	Frâne
Garaje	Garaj
Gas	Gaz
Licencia	Licență
Mapa	Hartă
Motocicleta	Motocicletă
Motor	Motor
Peatonal	Pieton
Peligro	Pericol
Policía	Politie
Seguridad	Siguranță
Transporte	Transport
Tráfico	Trafic
Túnel	Tunel
Velocidad	Viteză

Creatividad
Creativitate

Español	Română
Artístico	Artistic
Autenticidad	Autenticitate
Claridad	Claritate
Dramático	Dramatic
Emociones	Emoții
Espontáneo	Spontan
Expresión	Expresie
Fluidez	Fluiditate
Habilidad	Îndemânare
Ideas	Idei
Imagen	Imagine
Imaginación	Imaginație
Impresión	Impresie
Inspiración	Inspirație
Intensidad	Intensitate
Intuición	Intuiție
Inventivo	Inventiv
Sensación	Senzație
Visiones	Viziuni
Vitalidad	Vitalitate

Cuerpo Humano
Corpul Uman

Español	Română
Barbilla	Bărbie
Boca	Gură
Cabeza	Cap
Cara	Față
Cerebro	Creier
Codo	Cot
Corazón	Inimă
Cuello	Gât
Dedo	Deget
Hombro	Umăr
Lengua	Limbă
Mano	Mână
Nariz	Nas
Ojo	Ochi
Oreja	Ureche
Piel	Piele
Pierna	Picior
Rodilla	Genunchi
Sangre	Sânge
Tobillo	Gleznă

Diplomacia
Diplomație

Español	Română
Asesor	Consilier
Comunidad	Comunitate
Conflicto	Conflict
Cooperación	Cooperare
Diplomático	Diplomatic
Discusión	Discuție
Embajada	Ambasadă
Embajador	Ambasador
Extranjero	Străin
Ética	Etică
Gobierno	Guvern
Humanitario	Umanitar
Idiomas	Limbi
Integridad	Integritate
Justicia	Dreptate
Política	Politică
Resolución	Rezoluție
Seguridad	Securitate
Solución	Soluție
Tratado	Tratat

Disciplinas Científicas
Disciplinele Științifice

Español	Română
Anatomía	Anatomie
Arqueología	Arheologie
Astronomía	Astronomie
Biología	Biologie
Bioquímica	Biochimie
Botánica	Botanică
Ecología	Ecologie
Fisiología	Fiziologie
Geología	Geologie
Inmunología	Imunologie
Lingüística	Lingvistică
Mecánica	Mecanica
Meteorología	Meteorologie
Mineralogía	Mineralogie
Neurología	Neurologie
Psicología	Psihologie
Química	Chimie
Sociología	Sociologie
Termodinámica	Termodinamică
Zoología	Zoologie

Días y Meses
Zile și Lunile

Abril	Aprilie
Agosto	August
Año	An
Calendario	Calendar
Domingo	Duminică
Enero	Ianuarie
Febrero	Februarie
Jueves	Joi
Julio	Iulie
Junio	Iunie
Lunes	Luni
Martes	Marți
Mes	Lună
Miércoles	Miercuri
Noviembre	Noiembrie
Octubre	Octombrie
Sábado	Sâmbătă
Semana	Săptămână
Septiembre	Septembrie
Viernes	Vineri

Ecología
Ecologie

Clima	Climat
Comunidades	Comunități
Diversidad	Diversitate
Especie	Specie
Fauna	Faună
Flora	Floră
Global	Global
Hábitat	Habitat
Marino	Marin
Natural	Firesc
Naturaleza	Natură
Pantano	Mlaștină
Plantas	Plante
Recursos	Resurse
Sequía	Secetă
Sostenible	Durabilă
Supervivencia	Supraviețuire
Variedad	Varietate
Vegetación	Vegetație
Voluntarios	Voluntari

Edificios
Constructii

Albergue	Pensiune
Apartamento	Apartament
Castillo	Castel
Cine	Cinema
Embajada	Ambasadă
Escuela	Școală
Estadio	Stadion
Fábrica	Fabrică
Garaje	Garaj
Granero	Hambar
Granja	Fermă
Hospital	Spital
Hotel	Hotel
Laboratorio	Laborator
Museo	Muzeu
Observatorio	Observator
Supermercado	Supermarket
Teatro	Teatru
Torre	Turn
Universidad	Universitate

Electricidad
Electricitate

Almacenamiento	Depozitare
Batería	Baterie
Bombilla	Bec
Cable	Cablu
Cables	Fire
Cantidad	Cantitate
Electricista	Electrician
Eléctrico	Electric
Enchufe	Priză
Equipo	Echipament
Generador	Generator
Imán	Magnet
Lámpara	Lampă
Láser	Laser
Negativo	Negativ
Objetos	Obiecte
Positivo	Pozitiv
Red	Rețea
Televisión	Televiziune
Teléfono	Telefon

Emociones
Emoții

Aburrimiento	Plictiseală
Agradecido	Recunoscător
Alegría	Bucurie
Alivio	Relief
Amor	Dragoste
Avergonzado	Jenat
Beatitud	Fericire
Bondad	Bunătate
Calma	Calm
Contenido	Conținut
Ira	Furie
Miedo	Frică
Paz	Pace
Relajado	Relaxat
Satisfecho	Satisfăcut
Simpatía	Simpatie
Sorpresa	Surpriză
Ternura	Sensibilitate
Tranquilidad	Liniște
Tristeza	Tristețe

Energía
Energie

Batería	Baterie
Calor	Căldură
Carbono	Carbon
Combustible	Combustibil
Contaminación	Poluare
Diesel	Motorină
Electrón	Electron
Eléctrico	Electric
Entropía	Entropie
Fotón	Foton
Gasolina	Benzină
Hidrógeno	Hidrogen
Industria	Industrie
Motor	Motor
Nuclear	Nuclear
Renovable	Regenerabile
Sol	Soare
Turbina	Turbină
Vapor	Abur
Viento	Vânt

Enfermedad
Boală
Abdominal	Abdominal
Alergias	Alergii
Bienestar	Bunastare
Contagioso	Contagios
Corazón	Inimă
Crónica	Cronic
Cuerpo	Corp
Débil	Slab
Genético	Genetic
Hereditario	Ereditar
Huesos	Oase
Inflamación	Iritare
Inmunidad	Imunitate
Lumbar	Lombar
Neuropatía	Neuropatie
Pulmonar	Pulmonar
Respiratorio	Respiratorii
Salud	Sănătate
Síndrome	Sindrom
Terapia	Terapie

Especias
Condimente
Agrio	Acru
Ajo	Usturoi
Amargo	Amar
Anís	Anason
Azafrán	Șofran
Canela	Scorțișoară
Cardamomo	Cardamom
Cebolla	Ceapă
Comino	Chimion
Curry	Curry
Dulce	Dulce
Hinojo	Fenicul
Jengibre	Ghimbir
Nuez Moscada	Nucșoară
Pimentón	Paprika
Pimienta	Piper
Regaliz	Lemn Dulce
Sabor	Aromă
Sal	Sare
Vainilla	Vanilie

Ética
Etica
Altruismo	Altruism
Bondad	Bunătate
Compasión	Compasiune
Cooperación	Cooperare
Dignidad	Demnitate
Diplomático	Diplomatic
Filosofía	Filozofie
Honestidad	Onestitate
Humanidad	Umanitate
Individualismo	Individualism
Integridad	Integritate
Optimismo	Optimism
Paciencia	Răbdare
Racionalidad	Raționalitate
Razonable	Rezonabil
Realismo	Realism
Respetuoso	Respectuos
Sabiduría	Înțelepciune
Tolerancia	Toleranță
Valores	Valori

Familia
Familie
Abuela	Bunica
Abuelo	Bunic
Antepasado	Strămoș
Esposa	Soție
Hermana	Sora
Hermano	Frate
Hija	Fiica
Infancia	Copilărie
Madre	Mamă
Marido	Soțul
Materno	Matern
Nieto	Nepot
Niño	Copil
Niños	Copii
Padre	Tată
Primo	Văr
Sobrina	Nepoată
Sobrino	Nepot
Tía	Mătușă
Tío	Unchi

Física
Fizică
Aceleración	Accelerare
Átomo	Atom
Caos	Haos
Densidad	Densitate
Electrón	Electron
Fórmula	Formulă
Frecuencia	Frecvență
Gas	Gaz
Gravedad	Gravitație
Magnetismo	Magnetism
Masa	Masă
Mecánica	Mecanica
Molécula	Moleculă
Motor	Motor
Nuclear	Nuclear
Partícula	Particulă
Químico	Chimic
Relatividad	Relativitate
Universal	Universal
Velocidad	Viteză

Formas
Forme
Arco	Arc
Bordes	Margini
Cilindro	Cilindru
Círculo	Cerc
Cono	Con
Cuadrado	Pătrat
Cubo	Cub
Curva	Curbă
Elipse	Elipsă
Esfera	Sferă
Esquina	Colț
Hipérbola	Hiperbolă
Lado	Parte
Línea	Linia
Oval	Oval
Pirámide	Piramidă
Polígono	Poligon
Prisma	Prismă
Rectángulo	Dreptunghi
Triángulo	Triunghi

Fruta
Fructe

Aguacate	Avocado
Albaricoque	Caisă
Baya	Bacă
Cereza	Cireașă
Coco	Nucă de Cocos
Frambuesa	Zmeură
Guayaba	Guava
Kiwi	Kiwi
Limón	Lămâie
Mango	Mango
Manzana	Măr
Melocotón	Piersică
Melón	Pepene
Naranja	Portocaliu
Nectarina	Nectarină
Papaya	Papaya
Pera	Pară
Piña	Ananas
Plátano	Banană
Uva	Struguri

Fuerza y Gravedad
Forța și Gravitatea

Centro	Centru
Descubrimiento	Descoperire
Dinámico	Dinamic
Distancia	Distanță
Eje	Axă
Expansión	Expansiune
Física	Fizică
Fricción	Frecare
Impacto	Impact
Magnetismo	Magnetism
Magnitud	Magnitudine
Mecánica	Mecanica
Órbita	Orbită
Peso	Greutate
Planetas	Planete
Presión	Presiune
Propiedades	Proprietăți
Tiempo	Timp
Universal	Universal
Velocidad	Viteză

Geografía
Geografie

Altitud	Altitudine
Atlas	Atlas
Ciudad	Oraș
Continente	Continent
Hemisferio	Emisferă
Isla	Insulă
Latitud	Latitudine
Longitud	Longitudine
Mapa	Hartă
Mar	Mare
Meridiano	Meridian
Montaña	Munte
Mundo	Lume
Norte	Nord
Oeste	Vest
País	Țară
Región	Regiune
Río	Râu
Sur	Sud
Territorio	Teritoriu

Geología
Geologie

Ácido	Acid
Calcio	Calciu
Capa	Strat
Caverna	Cavernă
Continente	Continent
Coral	Coral
Cristales	Cristale
Cuarzo	Cuarț
Erosión	Eroziune
Estalactita	Stalactit
Estalagmitas	Stalagmite
Fósil	Fosil
Géiser	Gheizer
Lava	Lavă
Meseta	Platou
Minerales	Minerale
Piedra	Piatră
Sal	Sare
Terremoto	Cutremur
Volcán	Vulcan

Geometría
Geometrie

Altura	Înălțime
Ángulo	Unghi
Cálculo	Calcul
Curva	Curbă
Diámetro	Diametru
Dimensión	Dimensiune
Ecuación	Ecuație
Horizontal	Orizontală
Lógica	Logică
Masa	Masă
Mediana	Mediană
Número	Număr
Paralelo	Paralel
Proporción	Proporție
Segmento	Segment
Simetría	Simetrie
Superficie	Suprafață
Teoría	Teorie
Triángulo	Triunghi
Vertical	Vertical

Gobierno
Guvern

Ciudadanía	Cetățenie
Civil	Civil
Constitución	Constituție
Democracia	Democrație
Discurso	Vorbire
Discusión	Discuție
Distrito	District
Estado	Stat
Igualdad	Egalitate
Independencia	Independență
Judicial	Juridic
Justicia	Dreptate
Ley	Lege
Libertad	Libertate
Líder	Lider
Monumento	Monument
Nacional	Național
Nación	Națiune
Política	Politică
Símbolo	Simbol

Granja #1
Ferma # 1

Abeja	Albină
Agricultura	Agricultură
Agua	Apă
Arroz	Orez
Burro	Măgar
Caballo	Cal
Cabra	Capră
Campo	Câmp
Cuervo	Cioară
Fertilizante	Îngrăşământ
Gato	Pisică
Heno	Fân
Miel	Miere
Perro	Câine
Pollo	Pui
Semillas	Seminţe
Ternero	Viţel
Tierra	Teren
Vaca	Vacă
Valla	Gard

Granja #2
Ferma # 2

Agricultor	Fermier
Animales	Animale
Cebada	Orz
Colmena	Stup
Comida	Alimente
Cordero	Miel
Fruta	Fruct
Granero	Hambar
Huerto	Livadă
Leche	Lapte
Llama	Lamă
Maíz	Porumb
Oveja	Oaie
Pastor	Păstor
Pato	Raţă
Prado	Luncă
Riego	Irigare
Tractor	Tractor
Trigo	Grâu
Vegetal	Vegetal

Herboristería
Plante Medicinale

Ajo	Usturoi
Albahaca	Busuioc
Aromático	Aromat
Azafrán	Şofran
Calidad	Calitate
Culinario	Culinar
Eneldo	Mărar
Estragón	Tarhon
Flor	Floare
Hinojo	Fenicul
Ingrediente	Ingredient
Jardín	Grădină
Lavanda	Lavandă
Mejorana	Maghiran
Menta	Mentă
Perejil	Pătrunjel
Planta	Plantă
Romero	Rozmarin
Sabor	Aromă
Verde	Verde

Ingeniería
Inginerie

Ángulo	Unghi
Cálculo	Calcul
Construcción	Construcţie
Diagrama	Diagramă
Diámetro	Diametru
Diesel	Motorină
Distribución	Distribuţie
Eje	Axă
Energía	Energie
Estabilidad	Stabilitate
Estructura	Structura
Fricción	Frecare
Fuerza	Tărie
Líquido	Lichid
Máquina	Maşină
Medición	Măsurare
Motor	Motor
Palancas	Pârghii
Profundidad	Adâncime
Propulsión	Propulsie

Instrumentos Musicales
Instrumente Muzicale

Armónica	Muzicuţă
Arpa	Harpă
Banjo	Banjo
Clarinete	Clarinet
Fagot	Fagot
Flauta	Flaut
Gong	Gong
Guitarra	Chitară
Mandolina	Mandolină
Marimba	Marimba
Oboe	Oboi
Pandereta	Tamburină
Percusión	Percuţie
Piano	Pian
Saxofón	Saxofon
Tambor	Tobă
Trombón	Trombon
Trompeta	Trompetă
Violín	Vioară
Violonchelo	Violoncel

Jardín
Grădină

Arbusto	Tufiş
Árbol	Copac
Banco	Bancă
Césped	Gazon
Estanque	Iaz
Flor	Floare
Garaje	Garaj
Hamaca	Hamac
Hierba	Iarbă
Huerto	Livadă
Jardín	Grădină
Malezas	Buruieni
Manguera	Furtun
Pala	Lopată
Porche	Verandă
Rastrillo	Greblă
Suelo	Sol
Terraza	Terasă
Trampolín	Trambulină
Valla	Gard

Jazz
Jazz

Artista	Artist
Álbum	Album
Canción	Cântec
Composición	Compoziţie
Compositor	Compozitor
Concierto	Concert
Estilo	Stil
Énfasis	Accent
Famoso	Celebru
Favoritos	Favorite
Género	Gen
Improvisación	Improvizaţie
Música	Muzică
Nuevo	Nou
Orquesta	Orchestră
Ritmo	Ritm
Talento	Talent
Tambores	Tobe
Técnica	Tehnică
Viejo	Vechi

La Empresa
Compania

Spanish	Romanian
Calidad	Calitate
Creativo	Creativ
Decisión	Decizie
Empleo	Angajare
Global	Global
Industria	Industrie
Ingresos	Venituri
Innovador	Inovator
Inversión	Investiţii
Negocio	Afaceri
Posibilidad	Posibilitate
Presentación	Prezentare
Producto	Produs
Profesional	Profesional
Progreso	Progres
Recursos	Resurse
Reputación	Reputatie
Riesgos	Riscuri
Tendencias	Tendinţe
Unidades	Unităţi

Libros
Cărţi

Spanish	Romanian
Autor	Autor
Aventura	Aventură
Colección	Colecţie
Contexto	Context
Dualidad	Dualitate
Escrito	Scris
Historia	Poveste
Histórico	Istoric
Humorístico	Plin de Umor
Inventivo	Inventiv
Lector	Cititor
Literario	Literar
Narrador	Narator
Novela	Roman
Página	Pagină
Pertinente	Relevant
Poema	Poem
Poesía	Poezie
Serie	Serie
Trágico	Tragic

Literatura
Literatură

Spanish	Romanian
Analogía	Analogie
Análisis	Analiză
Anécdota	Anecdotă
Autor	Autor
Biografía	Biografie
Comparación	Comparaţie
Conclusión	Concluzie
Descripción	Descriere
Diálogo	Dialog
Estilo	Stil
Ficción	Ficţiune
Metáfora	Metaforă
Narrador	Narator
Novela	Roman
Poema	Poem
Poético	Poetic
Rima	Rimă
Ritmo	Ritm
Tema	Temă
Tragedia	Tragedie

Los Medios de Comunicación
Mass-Media

Spanish	Romanian
Actitudes	Atitudini
Comercial	Comercial
Comunicación	Comunicare
Digital	Digital
Edición	Ediţie
Educación	Educaţie
En Línea	Online
Financiación	Finanţarea
Fotos	Fotografii
Hechos	Fapte
Industria	Industrie
Intelectual	Intelectual
Local	Local
Opinión	Opinie
Periódicos	Presă
Público	Public
Radio	Radio
Red	Reţea
Revistas	Reviste
Televisión	Televiziune

Mamíferos
Mamiferele

Spanish	Romanian
Ballena	Balenă
Burro	Măgar
Caballo	Cal
Camello	Cămilă
Canguro	Cangur
Cebra	Zebră
Conejo	Iepure
Coyote	Coiot
Delfín	Delfin
Elefante	Elefant
Gato	Pisică
Gorila	Gorilă
Jirafa	Girafă
Lobo	Lup
Mono	Maimuţă
Oso	Urs
Oveja	Oaie
Perro	Câine
Toro	Taur
Zorro	Vulpe

Matemáticas
Matematică

Aritmética	Aritmetică
Ángulos	Unghiuri
Circunferencia	Circumferință
Decimal	Zecimal
Diámetro	Diametru
Ecuación	Ecuație
Esfera	Sferă
Exponente	Exponent
Fracción	Fracțiune
Geometría	Geometrie
Paralelo	Paralel
Paralelogramo	Paralelogram
Perímetro	Perimetru
Perpendicular	Perpendicular
Polígono	Poligon
Radio	Rază
Rectángulo	Dreptunghi
Simetría	Simetrie
Triángulo	Triunghi
Volumen	Volum

Mediciones
Măsurătorile

Altura	Înălțime
Ancho	Lățime
Byte	Byte
Centímetro	Centimetru
Decimal	Zecimal
Grado	Grad
Gramo	Gram
Kilogramo	Kilogram
Kilómetro	Kilometru
Litro	Litru
Longitud	Lungime
Masa	Masă
Metro	Metru
Minuto	Minut
Onza	Uncie
Peso	Greutate
Profundidad	Adâncime
Pulgada	Inch
Tonelada	Tonă
Volumen	Volum

Meditación
Meditație

Aceptación	Acceptare
Atención	Atenție
Bondad	Bunătate
Calma	Calm
Claridad	Claritate
Compasión	Compasiune
Emociones	Emoții
Gratitud	Recunoștință
Mental	Mental
Mente	Minte
Movimiento	Mișcare
Música	Muzică
Naturaleza	Natură
Observación	Observare
Paz	Pace
Pensamientos	Gânduri
Perspectiva	Perspectivă
Postura	Postură
Respiración	Respirație
Silencio	Tăcere

Mitología
Mitologie

Arquetipo	Arhetip
Celos	Gelozie
Cielo	Cer
Comportamiento	Comportament
Creación	Creare
Creencias	Credințe
Criatura	Făptură
Cultura	Cultură
Desastre	Dezastru
Fuerza	Tărie
Guerrero	Războinic
Héroe	Erou
Inmortalidad	Nemurire
Laberinto	Labirint
Leyenda	Legendă
Monstruo	Monstru
Mortal	Muritor
Rayo	Fulger
Trueno	Tunet
Venganza	Răzbunare

Moda
Modă

Bordado	Broderie
Botones	Butoane
Boutique	Butic
Caro	Scump
Elegante	Elegant
Encaje	Dantelă
Estilo	Stil
Mediciones	Măsurători
Minimalista	Minimalist
Moderno	Modern
Modesto	Modest
Original	Original
Patrón	Model
Práctico	Practic
Ropa	Îmbrăcăminte
Sencillo	Simplu
Sofisticado	Sofisticat
Tejido	Țesătură
Tendencia	Tendință
Textura	Textură

Música
Muzica

Armonía	Armonie
Armónico	Armonic
Álbum	Album
Balada	Baladă
Cantante	Cântăreț
Cantar	Cânta
Clásico	Clasic
Coro	Cor
Grabación	Înregistrare
Improvisar	Improviza
Instrumento	Instrument
Melodía	Melodie
Micrófono	Microfon
Musical	Muzical
Músico	Muzician
Ópera	Operă
Poético	Poetic
Ritmo	Ritm
Tempo	Tempo
Vocal	Vocal

Naturaleza
Natura

Abejas	Albine
Animales	Animale
Ártico	Arctic
Belleza	Frumusețe
Bosque	Pădure
Desierto	Deșert
Dinámico	Dinamic
Erosión	Eroziune
Follaje	Frunze
Glaciar	Ghețar
Niebla	Ceață
Nubes	Nori
Pacífico	Pașnică
Refugio	Adăpost
Río	Râu
Salvaje	Sălbatic
Santuario	Sanctuar
Sereno	Senin
Tropical	Tropical
Vital	Vital

Negocio
Afaceri

Carrera	Carieră
Costo	Cost
Descuento	Reducere
Dinero	Bani
Economía	Economie
Empleado	Angajat
Empleador	Angajator
Empresa	Companie
Fábrica	Fabrică
Finanzas	Finanța
Impuestos	Taxe
Inversión	Investiții
Mercancía	Marfă
Moneda	Valută
Oficina	Birou
Personal	Personal
Presupuesto	Buget
Tienda	Magazin
Transacción	Tranzacție
Venta	Vânzare

Nutrición
Alimentație

Amargo	Amar
Apetito	Apetit
Calidad	Calitate
Calorías	Calorii
Carbohidratos	Glucide
Cereales	Cereale
Comestible	Comestibil
Dieta	Dietă
Digestión	Digestie
Equilibrado	Echilibrat
Fermentación	Fermentație
Nutriente	Nutrient
Peso	Greutate
Proteínas	Proteine
Sabor	Aromă
Salsa	Sos
Salud	Sănătate
Saludable	Sănătos
Toxina	Toxină
Vitamina	Vitamină

Números
Numerele

Catorce	Paisprezece
Cero	Zero
Cinco	Cinci
Cuatro	Patru
Decimal	Zecimal
Diecinueve	Nouăsprezece
Dieciocho	Optsprezece
Dieciséis	Șaisprezece
Diecisiete	Șaptesprezece
Diez	Zece
Doce	Doisprezece
Dos	Doi
Nueve	Nouă
Ocho	Opt
Quince	Cincisprezece
Seis	Șase
Siete	Șapte
Trece	Treisprezece
Tres	Trei
Veinte	Douăzeci

Océano
Ocean

Alga	Alge
Anguila	Anghilă
Arrecife	Recif
Atún	Ton
Ballena	Balenă
Barco	Barcă
Camarón	Crevetă
Cangrejo	Crab
Coral	Coral
Delfín	Delfin
Esponja	Burete
Mareas	Maree
Medusa	Meduze
Olas	Valuri
Ostra	Stridie
Pescado	Pește
Pulpo	Caracatiță
Sal	Sare
Tiburón	Rechin
Tormenta	Furtună

Paisajes
Peisaje

Cascada	Cascadă
Cueva	Peșteră
Desierto	Deșert
Estuario	Estuar
Géiser	Gheizer
Glaciar	Ghețar
Iceberg	Aisberg
Isla	Insulă
Lago	Lac
Laguna	Lagună
Mar	Mare
Montaña	Munte
Oasis	Oază
Pantano	Mlaștină
Península	Peninsulă
Playa	Plajă
Río	Râu
Tundra	Tundră
Valle	Vale
Volcán	Vulcan

Países #1
Țările #1

Alemania	Germania
Argentina	Argentina
Bélgica	Belgia
Brasil	Brazilia
Canadá	Canada
Ecuador	Ecuador
Egipto	Egipt
España	Spania
Filipinas	Filipine
Honduras	Honduras
India	India
Italia	Italia
Libia	Libia
Malí	Mali
Marruecos	Maroc
Nicaragua	Nicaragua
Noruega	Norvegia
Panamá	Panama
Polonia	Polonia
Venezuela	Venezuela

Países #2
Țările #2

Albania	Albania
Australia	Australia
Austria	Austria
Dinamarca	Danemarca
Etiopía	Etiopia
Francia	Franța
Grecia	Grecia
Indonesia	Indonezia
Irlanda	Irlanda
Jamaica	Jamaica
Japón	Japonia
Laos	Laos
México	Mexic
Pakistán	Pakistan
Portugal	Portugalia
Rusia	Rusia
Siria	Siria
Sudán	Sudan
Ucrania	Ucraina
Uganda	Uganda

Pájaros
Păsări

Avestruz	Struț
Águila	Vultur
Cigüeña	Barză
Cisne	Lebădă
Cuco	Cuc
Cuervo	Cioară
Flamenco	Flamingo
Ganso	Gâscă
Garza	Stârc
Gaviota	Pescăruș
Gorrión	Vrabie
Halcón	Șoim
Huevo	Ou
Loro	Papagal
Paloma	Porumbel
Pato	Rață
Pelícano	Pelican
Pingüino	Pinguin
Pollo	Pui
Tucán	Toucan

Pesca
Pescuit

Agua	Apă
Aletas	Aripioare
Barco	Barcă
Branquias	Branhii
Cable	Sârmă
Cebo	Momeală
Cesta	Coș
Cocinar	Bucătar
Equipo	Echipament
Exageración	Exagerare
Gancho	Cârlig
Lago	Lac
Mandíbula	Falcă
Océano	Ocean
Paciencia	Răbdare
Peso	Greutate
Playa	Plajă
Río	Râu
Temporada	Sezon

Plantas
Plante

Arbusto	Tufiș
Árbol	Copac
Bambú	Bambus
Baya	Bacă
Bosque	Pădure
Botánica	Botanică
Cactus	Cactus
Fertilizante	Îngrășământ
Flor	Floare
Flora	Floră
Follaje	Frunze
Frijol	Fasole
Hiedra	Iederă
Hierba	Iarbă
Hoja	Frunză
Jardín	Grădină
Musgo	Mușchi
Pétalo	Petală
Raíz	Rădăcină
Vegetación	Vegetație

Profesiones #1
Profesiile #1

Abogado	Avocat
Astrónomo	Astronom
Atleta	Atlet
Bailarín	Dansator
Banquero	Bancher
Bombero	Pompier
Cartógrafo	Cartograf
Cazador	Vânător
Científico	Om de Știință
Doctor	Doctor
Editor	Editor
Embajador	Ambasador
Entrenador	Antrenor
Fontanero	Instalator
Geólogo	Geolog
Joyero	Bijutier
Músico	Muzician
Pianista	Pianist
Psicólogo	Psiholog
Veterinario	Veterinar

Profesiones #2
Profesiile #2

Astronauta	Astronaut
Bibliotecario	Bibliotecar
Biólogo	Biolog
Cirujano	Chirurg
Dentista	Dentist
Detective	Detectiv
Filósofo	Filozof
Fotógrafo	Fotograf
Ilustrador	Ilustrator
Ingeniero	Inginer
Inventor	Inventator
Investigador	Cercetător
Jardinero	Grădinar
Lingüista	Lingvist
Médico	Medic
Periodista	Jurnalist
Piloto	Pilot
Pintor	Pictor
Profesor	Profesor
Zoólogo	Zoolog

Psicología
Psihologie

Cita	Programare
Clínico	Clinic
Cognición	Cunoaștere
Comportamiento	Comportament
Conflicto	Conflict
Ego	Ego
Emociones	Emoții
Evaluación	Evaluare
Ideas	Idei
Inconsciente	Inconştient
Infancia	Copilărie
Pensamientos	Gânduri
Percepción	Percepţie
Personalidad	Personalitate
Problema	Problemă
Realidad	Realitate
Sensación	Senzaţie
Subconsciente	Subconștient
Sueños	Vise
Terapia	Terapie

Química
Chimie

Alcalino	Alcalin
Ácido	Acid
Calor	Căldură
Carbono	Carbon
Catalizador	Catalizator
Cloro	Clor
Electrón	Electron
Enzima	Enzimă
Gas	Gaz
Hidrógeno	Hidrogen
Ion	Ion
Líquido	Lichid
Metales	Metale
Molécula	Moleculă
Nuclear	Nuclear
Oxígeno	Oxigen
Peso	Greutate
Reacción	Reacţie
Sal	Sare
Temperatura	Temperatura

Restaurante #2
Restaurantul #2

Agua	Apă
Almuerzo	Prânz
Aperitivo	Aperitiv
Bebida	Băutură
Camarero	Chelner
Cena	Cina
Cuchara	Lingură
Delicioso	Delicios
Ensalada	Salată
Especias	Condimente
Fruta	Fruct
Hielo	Gheaţă
Huevos	Ouă
Pastel	Tort
Pescado	Peşte
Sal	Sare
Silla	Scaun
Sopa	Supă
Tenedor	Furcă
Verduras	Legume

Ropa
Haine

Abrigo	Haina
Blusa	Bluză
Bufanda	Eşarfă
Camisa	Cămaşă
Chaqueta	Sacou
Cinturón	Curea
Collar	Colier
Delantal	Şorţ
Falda	Fusta
Guantes	Mănuși
Joyas	Bijuterii
Moda	Modă
Pantalones	Pantaloni
Pijama	Pijama
Pulsera	Brăţară
Sandalias	Sandale
Sombrero	Pălărie
Suéter	Pulover
Vestido	Rochie
Zapato	Pantof

Salud y Bienestar #1
Sănătate și Bunăstare #1

Activo	Activ
Altura	Înălţime
Bacterias	Bacterii
Clínica	Clinica
Doctor	Doctor
Farmacia	Farmacie
Fractura	Fractură
Hambre	Foame
Hábito	Obicei
Hormonas	Hormoni
Huesos	Oase
Medicina	Medicină
Músculos	Muşchi
Piel	Piele
Postura	Postură
Reflejo	Reflex
Relajación	Relaxare
Terapia	Terapie
Tratamiento	Tratament
Virus	Virus

Salud y Bienestar #2
Sănătate și Bunăstare #2

Alergia	Alergie
Anatomía	Anatomie
Apetito	Apetit
Caloría	Calorii
Dieta	Dietă
Digestión	Digestie
Energía	Energie
Enfermedad	Boala
Estrés	Stres
Genética	Genetică
Higiene	Igienă
Hospital	Spital
Infección	Infecție
Masaje	Masaj
Nutrición	Nutriție
Peso	Greutate
Recuperación	Recuperare
Saludable	Sănătos
Sangre	Sânge
Vitamina	Vitamină

Selva Tropical
Pădurea Tropicală

Anfibios	Amfibieni
Botánico	Botanic
Clima	Climat
Comunidad	Comunitate
Diversidad	Diversitate
Especie	Specie
Indígena	Indigene
Insectos	Insecte
Mamíferos	Mamifere
Musgo	Mușchi
Naturaleza	Natură
Nubes	Nori
Pájaros	Păsări
Preservación	Conservare
Refugio	Refugiu
Respeto	Respect
Restauración	Restaurare
Selva	Junglă
Supervivencia	Supraviețuire
Valioso	Valoros

Senderismo
Drumeții

Acantilado	Stâncă
Agua	Apă
Animales	Animale
Botas	Cizme
Camping	Camping
Cansado	Obosit
Clima	Climat
Cumbre	Summit
Guías	Ghiduri
Mapa	Hartă
Montaña	Munte
Mosquitos	Țânțari
Naturaleza	Natură
Orientación	Orientare
Parques	Parcuri
Pesado	Greu
Piedras	Pietre
Preparación	Pregătirea
Salvaje	Sălbatic
Sol	Soare

Suministros de Arte
Materiale de Artă

Aceite	Ulei
Acrílico	Acrilic
Acuarelas	Acuarele
Agua	Apă
Arcilla	Lut
Borrador	Radieră
Caballete	Șevalet
Cámara	Aparat Foto
Cepillos	Perii
Colores	Culori
Creatividad	Creativitate
Ideas	Idei
Lápices	Creioane
Mesa	Tabel
Papel	Hârtie
Pasteles	Pasteluri
Pegamento	Lipici
Pinturas	Vopsele
Silla	Scaun
Tinta	Cerneală

Tiempo
Timp

Ahora	Acum
Antes	Înainte
Anual	Anual
Año	An
Ayer	Ieri
Calendario	Calendar
Década	Deceniu
Día	Zi
Futuro	Viitor
Hora	Oră
Hoy	Azi
Mañana	Dimineață
Mediodía	Amiază
Mes	Lună
Minuto	Minut
Momento	Clipă
Noche	Noapte
Reloj	Ceas
Semana	Săptămână
Siglo	Secol

Tipos de Cabello
Tipuri de Par

Blanco	Alb
Brillante	Lucios
Calvo	Chel
Corto	Scurt
Delgada	Subțire
Gris	Gri
Grueso	Gros
Largo	Lung
Marrón	Maro
Negro	Negru
Ondulado	Ondulat
Plata	Argint
Rizado	Cret
Rizos	Bucle
Rubio	Blond
Saludable	Sănătos
Seco	Uscat
Suave	Moale
Trenzado	Împletit
Trenzas	Împletituri

Universo
Universul

Asteroide	Asteroid
Astronomía	Astronomie
Astrónomo	Astronom
Atmósfera	Atmosferă
Celestial	Ceresc
Cielo	Cer
Cósmico	Cosmic
Ecuador	Ecuator
Galaxia	Galaxie
Hemisferio	Emisferă
Horizonte	Orizont
Latitud	Latitudine
Longitud	Longitudine
Luna	Luna
Oscuridad	Întuneric
Órbita	Orbită
Solar	Solar
Solsticio	Solstițiu
Telescopio	Telescop
Visible	Vizibil

Vacaciones #2
Vacanță #2

Aeropuerto	Aeroport
Carpa	Cort
Destino	Destinație
Extranjero	Străin
Fotos	Fotografii
Hotel	Hotel
Isla	Insulă
Mapa	Hartă
Mar	Mare
Ocio	Timp Liber
Pasaporte	Pașaport
Playa	Plajă
Reservas	Rezervări
Restaurante	Restaurant
Taxi	Taxi
Transporte	Transport
Tren	Tren
Vacaciones	Vacanță
Viaje	Călătorie
Visa	Viză

Vehículos
Autovehicule

Ambulancia	Ambulanță
Autobús	Autobuz
Avión	Avion
Balsa	Plută
Barco	Barcă
Bicicleta	Bicicletă
Camión	Camion
Caravana	Caravană
Coche	Mașină
Cohete	Rachetă
Ferry	Bac
Helicóptero	Elicopter
Lanzadera	Navetă
Metro	Metrou
Motor	Motor
Neumáticos	Anvelope
Submarino	Submarin
Taxi	Taxi
Tractor	Tractor
Tren	Tren

Verduras
Legume

Ajo	Usturoi
Alcachofa	Anghinare
Apio	Țelină
Berenjena	Vânătă
Brócoli	Broccoli
Calabaza	Dovleac
Cebolla	Ceapă
Ensalada	Salată
Espinacas	Spanac
Guisante	Mazăre
Jengibre	Ghimbir
Nabo	Nap
Oliva	Măslină
Patata	Cartof
Pepino	Castravete
Perejil	Pătrunjel
Rábano	Ridiche
Seta	Ciupercă
Tomate	Roșie
Zanahoria	Morcov

Enhorabuena

Lo has conseguido!

Esperamos que hayas disfrutado de este libro tanto como nosotros al diseñarlo. Nos esforzamos por crear libros de la máxima calidad posible.
Esta edición está diseñada para proporcionar un aprendizaje inteligente, de calidad y divertido!

¿Te ha gustado este libro?

Una Petición Sencilla

Estos libros existen gracias a las reseñas que se publican.
¿Podrías ayudarnos dejando una reseña ahora?
Aquí tienes un breve enlace a la página de reseñas

BestBooksActivity.com/Opiniones50

¡DESAFÍO FINAL!

Reto n°1

¿Estás listo para tu juego gratis? Los utilizamos siempre, pero no son tan fáciles de encontrar. ¡Aquí están los **Sinónimos!**
Escribe 5 palabras que hayas encontrado en los rompecabezas (#21, #36, #76) y trata de encontrar 2 sinónimos para cada palabra.

*Escriba 5 palabras del **Puzzle 21***

Palabras	Sinónimo 1	Sinónimo 2

*Escriba 5 palabras del **Puzzle 36***

Palabras	Sinónimo 1	Sinónimo 2

*Escriba 5 palabras del **Puzzle 76***

Palabras	Sinónimo 1	Sinónimo 2

Reto n°2

Ahora que te has calentado, escribe 5 palabras que hayas encontrado en los Puzzles 9, 17 y 25 e intenta encontrar 2 antónimos para cada palabra. ¿Cuántos puedes encontrar en 20 minutos?

Escriba 5 palabras del **Puzzle 9**

Palabras	Antónimo 1	Antónimo 2

Escriba 5 palabras del **Puzzle 17**

Palabras	Antónimo 1	Antónimo 2

Escriba 5 palabras del **Puzzle 25**

Palabras	Antónimo 1	Antónimo 2

Reto n°3

¡Genial! Este desafío final no es nada para ti.

¿Preparado para el reto final? Elige 10 palabras que hayas descubierto en los diferentes rompecabezas y escríbelas a continuación.

1.	6.
2.	7.
3.	8.
4.	9.
5.	10.

Ahora escribe un texto pensando en una persona, un animal o un lugar que te guste.

Puedes usar la última página de este libro como borrador.

Tu Composición:

CUADERNO DE NOTAS :

HASTA PRONTO !

Todo el Equipo

DESCUBRA JUEGOS GRATIS

GO

↓

BESTACTIVITYBOOKS.COM/FREEGAMES